A Study of the Optimal Monetary Responding
to Asset Price Fluctuations

资产价格波动下 的 最优货币政策研究

胡宏海○著

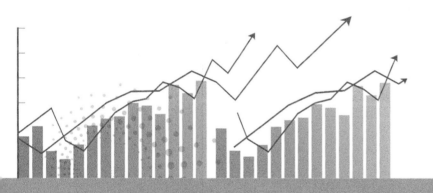

经济管理出版社
ECONOMY & MANAGEMENT PUBLISHING HOUSE

图书在版编目（CIP）数据

资产价格波动下的最优货币政策研究/胡宏海著．—北京：经济管理出版社，2016.12

ISBN 978-7-5096-4692-2

Ⅰ.①资…　Ⅱ.①胡…　Ⅲ.①资本市场—经济波动—影响—货币政策—研究—中国
Ⅳ.①F822.0

中国版本图书馆 CIP 数据核字（2016）第 262162 号

组稿编辑：郭丽娟
责任编辑：杨　洋　刘　宏
责任印制：司东翔
责任校对：王淑卿

出版发行：经济管理出版社
　　　　　（北京市海淀区北蜂窝 8 号中雅大厦 A 座 11 层　100038）
网　　　址：www.E-mp.com.cn
电　　　话：(010) 51915602
印　　　刷：北京九州迅驰传媒文化有限公司
经　　　销：新华书店
开　　　本：720mm×1000mm/16
印　　　张：12.5
字　　　数：193 千字
版　　　次：2016 年 12 月第 1 版　2016 年 12 月第 1 次印刷
书　　　号：ISBN 978-7-5096-4692-2
定　　　价：49.00 元

前　言

　　自 20 世纪 70 年代以来，全球经济不断遭受资产价格波动的困扰，资产价格，尤其是住房价格的波动对经济造成的伤害程度与其他冲击造成的伤害相比，更为严重和持久。2007 年的次贷危机使全球经济遭受史无前例的打击，直到今天，全球经济还未从经济衰退的泥潭中走出来。究其原因，是美国货币政策当局为了摆脱 "9·11" 恐怖袭击事件和互联网泡沫破灭带来的经济下滑，采取低利率货币政策刺激经济的增长。美联储连续执行了 13 次降息的宽松货币政策，大幅度长时间的低利率政策促进了经济的快速发展，使得美国经济处于繁荣时期，总体上物价水平稳定，经济快速增长。但与此同时，以房地产为代表的资产价格迅速上涨，资产价格膨胀的速度远远超出实体经济的增长速度。依据传统的货币政策理论，物价稳定和金融稳定二者大体是一致的，货币政策可以 "善意地忽视" 资产价格的波动。因此，西方货币当局并没有对资产价格偏离实体经济做出政策上的响应。然而物价稳定和金融稳定二者之间保持一致需要前提条件，即金融市场与实体经济之间无摩擦，信息可以自由传递。此次金融危机告诉我们金融市场存在摩擦，金融市场的变化可以对实体经济产生影响。

　　美国次贷危机的发生是由住房价格大幅波动引起的，住房价格的大幅波动却是由适度的货币政策利率的变动造成的。解释 "小冲击，大波动" 问题的出路可能需要改变资产价格波动与经济波动无关的假设，住房市场扩大并传导了货币政策冲击。实际经济周期理论与凯恩斯 IS-LM 模型基于 MM 定理认为住房市场是完美的。而住房市场的不完美引起借贷双方代

·1·

理成本的上升、家庭和企业资产负债结构的变化，家庭消费、企业和家庭投资的变化以及产出的调整，最终导致宏观经济出现更大的波动。当住房市场变化剧烈时对实体经济的冲击会被放大，宏观经济更加不稳定。金融加速器机制的存在，使得货币政策必须将资产价格的波动纳入货币政策制定的范围内。

货币政策对资产价格忽视带来的严重后果使得理论界和决策层认为有必要改变现有货币政策范式。货币政策没有针对资产价格波动做出反应引发了美国房地产泡沫，传统货币政策失效是引发此次危机的重要原因。针对资产价格的波动及其引发的宏观经济波动，货币政策当局应该做出必要的应对，新的货币政策要求关注资产价格的波动。

进入 21 世纪以来中国经济进入到相对平稳的快速增长阶段，与此相适应的是，房地产市场也获得了巨大的发展。然而，令人担忧的隐患是住房价格持续攀升和剧烈波动，这一情形成为约束和阻碍中国经济持续有效发展的重要变量。研究房地产市场在整个宏观经济中的作用，以及如何避免泡沫破灭给经济带来巨大伤害就具有理论价值和现实意义。

本书在 BGG 模型的基础上建立包含住房在内的动态随机一般均衡（DSGE）模型研究中国住房市场金融加速器机制，以及是否应将住房价格纳入货币政策目标，货币政策对相关经济变量的影响，同时基于社会福利损失最小化来确定基于资产价格波动的最优货币政策。本书发现住房价格的波动对经济波动具有显著的影响，货币政策直接盯住住房价格，可以实现经济稳定和降低房价波动。

总的来说，要实现宏观经济稳定，即在保证经济稳定增长的前提下实现经济较快稳定发展，需要我国货币政策做出转变，需要权衡包含稳定资产价格的多重目标，央行需要用货币政策去盯住资产价格来实现资产价格的稳定。

具体来讲，首先，本书通过对此次金融危机爆发的根源阐述，得出资产价格的破裂是此次危机爆发的主要原因；通过对资产价格波动对实体经济产生的危害以及货币政策在此次危机中所扮演的角色，揭示出传统货币政策的局限和挑战；住房市场的快速发展和住房市场上金融摩擦的存在使得传统货币政策难以响应金融环境的变化，传统的货币政策需要进行修正或拓展；通过对货币政策理论和实践的演变梳理并找到研究货币政策与资产价格波动的研究框架，货币政策的主流研究是通过 DSGE 模型来判断和选择的。其次，通过 DSGE 模型来研究中国的货币政策与资产价格波动问题；随着中国经济快速发展，中国房地产业已成为国民经济的支柱产业，房产是家庭财富的重要组成部分，其价格的波动对微观行为人的决策产生重要影响，我们利用中国的数据分析发现，中国的住房市场存在金融加速器机制，资产价格的波动放大了对宏观经济的冲击，使得宏观经济面对外部冲击波动更加剧烈；既然中国宏观经济中存在金融加速器机制，利用中国的特征和事实来考察货币政策的作用，同样利用 DSGE 模型框架来考察引入金融摩擦的利率规则和不包含金融摩擦的利率规则在面对冲击时比较宏观经济波动的大小，通过比较分析发现包含住房价格波动的利率规则更能降低宏观经济的波动，我国货币政策的制定理应包含资产价格波动。最后，当我们知道包含资产价格波动的货币政策可以降低宏观经济波动时，就会进一步考虑货币政策的最优选择，基于 DSGE 模型选择通过将资产价格变动引入货币政策损失函数，通过社会福利损失最小化来构建最优货币政策，得到存在资产价格波动条件下的最优货币政策。

目　录

第一章 导 论

第一节 研究背景和研究意义

一、研究背景

从 20 世纪 70 年代以来，全球宏观经济环境出现了巨大变化，许多国家在名义利率、通货膨胀率、实体经济发展相对平稳的形势下，经济却出现较大波动，如 20 世纪 80 年代，日本的"泡沫经济"爆裂引起日本陷入长期的经济衰退，至今日本经济还未走出低迷；20 世纪 90 年代末的亚洲金融危机，使得曾经为全球瞩目新兴经济体整体陷入长达数年的衰退；进入 21 世纪以来，以美国为代表的西方发达经济体，由于资产价格明显偏离实体经济，随着这种偏离不断积累最终导致了 2007 年夏季的次贷危机，并由此引发全球金融海啸，最终导致全球经济危机的爆发。此次危机出现的原因主要是由金融市场上资产价格的大幅波动引起的。这次危机迫使研究者和货币政策制定当局改变了传统的货币理论和货币政策只考虑的实体经济中的商品市场，劳动力市场对货币政策的作用和影响的立场，开始思考和关注金融市场中资产价格冲击对实体经济的动态影响机制，以及原有货币政策的缺陷。所以，作为稳定宏观经济的最优货币政策，如何保证由于金融摩擦的存在，最优货币政策如何应对资产价格波动来稳定整个经济活动，最优货币政策选择研究成为当前亟须解决的理论问题和急迫的现实问题。

随着金融市场的快速发展和壮大，金融市场因素对实体经济的影响不断加深；同时我们发现货币政策因素也是金融市场波动的主要因素之一，货币政策与金融市场的波动成为引起经济周期波动的关键变量。在金融市场中，资本价格尤其是住房价格的波动对实体经济的影响更为明显，住房价格的崩溃给实体经济带来的伤害更为严重，同时持续时间也更久。

货币当局在制定货币政策是否应该考虑资产价格波动问题上，在国内外的理论界和货币当局都有着广泛的争议，在此次金融危机以前，在美国和其他发达国家，包括伯南克（Bernanke，1999，2001）在内的众多经济学家都不支持利用货币政策来干预资产价格，国内的大多数学者（王擎、韩鑫韬，2009）也持类似的观点。然而，金融危机后，货币理论和货币政策研究者和制定者通过货币政策、宏观经济和资产价格的理论检讨和经验分析，发现由于金融摩擦和资本价格黏性尤其是住房价格黏性的存在，使得原有的货币政策反应函数不再有效，认为应该关注进而以适当的方式把资产价格融入货币政策反应函数里，以便更有利于宏观经济和金融市场的稳定运行，同时也会带来社会福利的增加。

本书在对已有货币政策和资产价格相关研究理论文献和经验教训的基础上，依据中国的经济金融环境现实，通过理论分析和实证分析，试图分析货币政策和资产价格二者之间的内在联系，提出解决货币政策应对资产价格波动的合理方案，并构建存在金融摩擦条件下资产价格波动的最优货币政策，无疑具有重要的理论意义和现实意义。

二、研究意义

理论意义：在一个统一的理论分析框架下，研究资产价格波动和货币政策。货币当局关注资产价格波动的原因，资产价格的波动如何影响宏观经济，影响的强弱，货币政策是否应该关注资产价格波动，如何关注，如何建立一个最优货币政策以及货币当局如何有效应对资产价格的波动等一系列问题。

现实意义：使用标准动态随机一般均衡（DSGE）模型来分析中国的宏观经济和资产价格的波动，货币政策对资产价格波动之间的内在关系和影响机理。当货币政策当局能够准确把握资产价格波动的信息时，最优货币政策中纳入资产价格波动，并对资产价格波动做出适当的反应有利于减少经济波动，稳定宏观经济，提高社会福利。这些结果可以为货币政策研究者和决策者提供一定的理论参考和决策依据。

第二节　本书的逻辑结构和研究思路

一、逻辑结构

按照从理论到现实，从现象到本质，从个别到一般的研究方法，首先描述此次金融危机的根源和危害，揭示出在当前全球金融环境下，资产价格波动对宏观经济稳定的破坏性，货币政策善意地忽视资产价格波动所导致的严重后果，在分析资产价格波动和宏观经济、货币政策之间互动机制的基础上，构建包含资产价格波动的最优货币政策。本书试图解决中国经济中金融市场是否存在金融摩擦，是否存在金融加速器机制，是否放大了资产价格冲击，资产价格波动对宏观经济影响是否显著；货币政策和资产价格波动是否存在着相互影响的机制？如果存在，它们之间关系怎样？如何揭示它们的相互关系和作用机制？是否需要应对资产价格的波动？如需要，又如何应对，即如何构建基于资产价格波动的最优货币政策？

二、具体研究思路

基于国内外已有的相关文献和理论的基础上，首先，通过对此次金融危机进行描述分析，提出对现行货币政策的反思和面对此次危机时货币政策应做出的改变，进而通过对货币理论和货币政策的演变和发展的梳理，为后面展开关于最优货币政策研究的范式和方法确定历史背景；然后介绍了基础的理论模型和 DSGE 模型的估计和检验，为后面的分析提供理论背景和宏观计量方法背景。其次，分析资产价格波动对货币政策目标的影响，得到资产价格波动下货币政策调整的主要思路。再次，利用中国的经验和数据来分析资产价格，尤其是资产价格波动对我国宏观经济是否存在放大机制，分析表明我国经济中存在资产加速器机制，冲击对经济的影响会被放大，从而会使得中国宏观经济波动加剧；然后确定央行是否要将资产价格纳入最优货币政策框架，利用我国的经验与数据对包含资产价格波动的货币政策规则与不包含资产价格波动的货币政策规则进行实证分析发现，包含资产价格波动的货币政策规则可以有效减少宏观经济波动。最后，将资产价格波动纳入货币政策规则，构建存在金融摩擦条件下基于资产价格波动的最优货币政策，面对资产价格波动时货币当局如何有效反应进行探讨并提出相应政策建议。

第三节　本书的研究内容

　　本书共分七章，主题是基于理论与现实回答了货币当局是否响应资产价格波动，资产价格传导机制对宏观经济的影响，中央银行是否应当把资产价格波动引入货币政策，从福利损失最小化的角度分析如何涵盖资产价格的最优货币政策。

　　从历史和逻辑的两个方面分析了资产价格泡沫破裂造成的金融危机与货币政策选择的关系。回应和反思金融危机的巨大灾难后认为：货币政策应该对资产价格波动做出反应，采取审慎的宏观货币政策，原有货币政策应该做出一系列的变化。

　　分析金融危机根源，资产价格泡沫形成和破裂与货币政策善意地忽略资产价格波动或不适当的货币干预政策密切相关。金融危机对实体经济造成破坏超出原来的估计和判断。

　　货币政策当局是否应对资产价格波动的关键变量是资产价格的波动对

通胀缺口和产出缺口的影响是否显著。基于中国的实际，我们认为中国资产价格波动与宏观经济和货币政策之间存在密切关系：中国的资产价格对宏观经济影响显著，货币政策当局在制定政策时应当考虑资产价格波动的影响，响应资产价格波动的货币政策将有助于稳定宏观经济。

建立基于资产价格波动的最优货币政策。由于金融摩擦的存在，资产价格的波动给通货膨胀和产出造成短期的扭曲，在金融市场上存在摩擦的条件下，货币政策当局利用原有的货币政策很难同时实现宏观经济的整体稳定。本书使用动态随机一般均衡模型，模拟和分析考虑资产价格的货币政策可以减少宏观经济整体波动，减少短期扭曲，减少社会福利损失。货币政策当局制定货币政策时应将资产价格波动赋予一定的权重。

第二章　金融危机对货币政策的挑战

第一节　资产价格波动与金融危机的爆发

2007 年 4 月发生于美国的次贷危机迅速地演变成全球性的金融危机，接着快速向实体传递，成为自"二战"以来规模最大、影响最为严重的经济危机。关于美国次贷危机产生的原因，中外经济学者纷纷给出不同的观点。Alan Mallach（2008）[①] 提出次贷危机的根源不是部分不良贷款的存在而是整个住房抵押贷款市场存在问题，在这个市场发行的住房抵押贷款通过不断证券化出售给全球投资行业，住房抵押市场创造了越来越多的高风险和高利率贷款。随着房地产市场价格的向下移动，首先是有毒抵押贷款的违约率上升，接着传递给所有抵押贷款产品，最终演变成严重的次贷危机。Carmen M. Reinhart 和 Kenneth S. Rogoff（2008）[②] 从历史和全球视角把美国此次次贷危机和自"二战"以来 18 个工业化国家和地区所发生的经济危机进行经济指标比较发现：美国资产价格上涨的情况与这些国家和地区的情况非常相似，都呈现出倒"V"形的趋势特征，但是，美国

[①]　A. Mallach（2008），"Tackling the Mortgage Crisis：10 Action Steps for State Government"，SSRN Paper，August 19.

[②]　C. M. Rinhart and K. S. Roggoff（2008），"Is the 2007 U. S. Subprime Financial Crisis so Different? An International Historical Comparison"，NBER Working Paper，No. 13761.

危机前的通货膨胀率小于上述国家和地区。R. Christopher Whalen（2008）[1]认为美国此次房贷危机源于三个方面：一是美国不适当的住房政策；二是大面积且不受监管的金融创新；三是保守的会计准则。美国政府住房政策鼓励高风险抵押贷款的增长，而对 CDO 的监管缺失使得金融风险不断积累加剧。当出现住房价格破裂时，CDO 使得市场波动加剧，在保守的会计准则下，金融资产价值更多地显示为损失，迫使金融机构收缩业务，有的进入破产清算，放大了金融风险。Katalina M. Bianco（2008）[2]指出美国此次次级抵押贷款危机是由一连串的因素综合形成。通过分析发现，道德风险在其中起了重要的作用，道德风险直接导致了贷款标准和相对应的证券化证券标准的过度放宽。实际上有些研究报告显示，市场参与者已经预期到房地产价格下跌带来的灾难性后果，但是由于过分强调收益回报，给予这种结果非常低的发生概率，这种选择性的偏差使得对抵押贷款风险采取忽略的策略，这种策略使该类证券数量急剧增加，酝酿了巨大的金融风险，最终当出现形势逆转时，不可避免地导致危机的爆发（Kristopher Gerardi，2008）。[3] Fernandez，Kaboub 和 Todorva（2008）[4] 则从社会制度存在缺陷的角度论述危机产生的原因，他们指出此次金融危机是由于制度本身的结构性缺陷产生，由于资本市场经济不平等的固有特征导致了这次危机的爆发。依据这一思路，M. Lim（2008）[5] 认为金融危机由于财富分配的不平等导致财富积聚在少部分人的手中，由于边际倾向较低的固有原因导致在金融市场上出现流动性过剩，全球间贸易的不平衡使得国际投资进入美国资本市场，全球金融市场发展的不平衡导致金融风险不断被放大。当金融市场上的抵押贷款出现问题时迅速演变成全球性的金融危机，

---

① R. C. Whalen（2008），"The Subprime Crisis：Cause, Effect and Consequences"，Networks Financial Institute India University，Policy Brief，March.

② Katalina M. Bianco（2008），"The Subprime Lending Crisis and Effects of the Mortgage Meltdown"，CHH Mortgage Compliance Guide and Bank Digest.

③ Kristopher Gerardi（2008），"Making Sense of the Subprime Crisis"，Brooking Paper.

④ Fernandez，Kaboub and Todorva（2008），"On Democratizing Financial Turmoil"，Working Paper，the Levy Economics Institute of Bard College，No. 548.

⑤ M. Lim（2008），"Old Wine in a New Bottle：Subprim Mortgage Crisis-causes and Consequences"，Working Paper，The Levy Economics Institute of Bard Collage，No. 235.

最终演化为严重的经济危机。

追溯危机发生的源头，我们发现此次危机发生的直接原因是房地产价格泡沫破裂。房地产价格泡沫的破裂首先导致次级抵押贷款出现问题，次级抵押贷款的违约率上升使得市场对其风险预期升高，风险预期的升高带来对其价值和相关衍生产品的重新估值，重新估值的结果导致其价格下降，引起整个金融市场系统风险上升，带来整个金融市场的重新估值，引起金融市场的信贷规模下降从而影响实体经济的发展。由于美国住房抵押贷款没有追诉权，当家庭发现净住房收益为负时，通常选择违约，金融机构只能收回住房，当把住房出售回收资金时进一步压低了住房价格，这种自我加强的结果导致违约率越来越高，房价越来越低。房价的过度波动导致以其为基础发行的证券和衍生工具难以维系最终导致危机，同时在金融市场上为了追求高收益，金融机构往往采取财务高杠杆，当出现风险时，就会不断放大，使整个金融市场陷入流动性危机，通过资产负债表效应，导致金融机构出现财务困难甚至是个别金融机构破产清算，由于金融市场的强外部性，直接影响实体经济的发展。

一、资产价格波动对经济影响的模型解释

我们可以用一个基本模型来解释这种现象。我们只考虑金融市场和实体经济金融机构的资产负债表如下：我们假设有连续统 [0，1] 的金融机构，每一个金融机构利用自有资本和家庭储蓄来向企业或家庭进行贷款，其资产负债表为：

$$Q_t S_{tj} = N_{jt} + B_{jt} \tag{2.1}$$

会计等式左边代表金融机构的资产，右边由自有资本和负债构成。其中 Q_t 代表贷出资产的价格，S_{tj} 表示贷出资产的数量，N_{jt} 代表金融机构自有资本，B_{jt} 代表金融机构的负债。

从上面的等式我们可以看出，资产的价格是随着市场不断变化的。

作为消费者的家庭处于连续统 [0，1]，利用劳动收入和财富及借贷来进行消费，其约束如下：

$$C_{jt} = W_{jt} L_{jt} + Q_{jt} S_{jt}^f + B_{jt} \tag{2.2}$$

家庭的消费 C_{jt} 由当期劳动收入、家庭财富以及债务净额决定，其中劳动收入由实际工资 W_{jt} 和劳动时间 L_{jt} 决定，家庭财富由债务净额 B_{jt} 和资产 $Q_{jt}S_{jt}^f$ 构成。

针对企业，我们假设企业每期生产的资本来自金融机构，即：

$$Q_tK_{t+1} = Q_tS_t^c \qquad (2.3)$$

每期企业使用劳动力和资本进行生产：

$$Y_t = A_tK_t^\alpha L_t^{1-\alpha} \qquad (2.4)$$

其中，Y_t 为企业当期产出，A_t 为技术，K_t 为投入资本，L_t 为劳动投入。

$$S_t = S_t^f + S_t^c \qquad (2.5)$$

我们来考察当遭遇资产价格向下冲击时，会给金融机构、家庭和企业带来什么影响。当资产价格下跌时我们首先考察金融机构在 t 期资产价格 Q_t 出现下跌，为了保持资产负债表的平衡，金融机构冲销部分 θN_{jt}，导致资产负债表收缩，等到 $t+1$ 期时，向外贷出资产数量就会减少，如果出现资产价格严重下降时，出现需要冲销的损失超过自有资本时，金融机构就会面临破产清算，严重影响到对外的资产信贷。

对于企业来说，当出现资产价格下降冲击时①，企业从金融机构所获得的资产数量 S_{t+1}^c 减少，直接导致企业进行生产时的资本减少，最终影响到企业的产出。

对家庭，最直接的影响来自资产价格下跌导致家庭财富缩水，根据财富收入效应，家庭将会减少消费，最终导致经济由于需求下降带来的就业和产出下滑。

根据上述对资产价格下降对经济影响的描述我们可以得出，资产价格的变化既影响金融机构也影响产出和消费。从该分析中我们也发现，资产价格影响实体经济的程度依赖经济中金融机构、企业和家庭的财务杠杆率，财务杠杆率越高其影响越大，进入 21 世纪以来由于财富分配、经济发展、金融水平的不平衡导致美国资本市场流动性加剧，加上对利润最大

---

① 资产价格导致企业遭受冲击必然也会影响到企业的资产负债表并给企业带来经营上的困难，在这里我们主要考虑金融危机中金融中介对实体经济的影响。

化的追求导致金融机构和企业不断提高本身的财务杠杆，同时为满足家庭追求自身效用最大化，通过金融创新降低了家庭的金融约束，导致更多的家庭进入金融市场，进一步提高了家庭的财务杠杆。实体经济杠杆率的抬升导致整个社会面临的金融风险加大。当出现向下的资产价格冲击时，社会遭受的影响远远超出预先的估计。

二、资产价格波动的理论解释

此次金融危机的直接原因是房地产价格泡沫的破灭，房地产价格泡沫的形成由多种因素推动[①]，实际利率的变化应该是形成泡沫的主要原因[②]。

我们可以利用 Gordon 公式来说明这种影响，房地产的使用要么通过购买要么通过租赁，最终租赁折现价格应该等于房地产价格。即：

$$Q_t^h = \frac{D_t^h}{r_t - g_t^h} \qquad (2.6)$$

其中，Q_t^h 为当期房地产价格，D_t^h 为当期租金，r_t 为贴现率，g_t^h 为租金增长率。这里：

$$r_t = r_t^f + r_t^p \qquad (2.7)$$

$$g_t^h = g_t^r + \pi_t \qquad (2.8)$$

贴现率 r_t 由无风险利率 r_t^f 和风险补偿 r_t^p 构成，租金增长率 g_t^h 由实际租金增长率 g_t^r 和通货膨胀率 π_t 构成。

将式（2.7）和式（2.8）代入式（2.6）得：

$$Q_t^h = \frac{D_t^h}{r_t^f + r_t^p - g_t^r - \pi_t} \qquad (2.9)$$

令 $r_t^{real} = r_t^f - \pi_t$，式（2.9）可以转化为：

---

① 有学者分析说土地供给是影响房地产价格的主要原因，但是美国土地资源供给充足，房地产市场发展完善，房地产受供给约束较小，依然出现房地产价格泡沫。

② Du 和 Wei（2011），徐建炜，徐奇渊和何帆（2011）认为人口结构，教育程度可以解释房地产价格的上升，固然稳定的预期因素可以解释房地产价格的上升，但是房地产价格的波动，本书认为真实利率才是解释的根本。

$$Q_t^h = \frac{D_t^h}{r_t^{real}+r_t^p-g_t^r} \tag{2.10}$$

进一步将式（2.10）转化为：

$$\frac{Q_t^h}{D_t^h} = \frac{1}{r_t^{real}+r_t^p-g_t^r} \tag{2.11}$$

$$\Gamma = \frac{Q_t^h}{D_t^h} \tag{2.12}$$

其中，Γ 为租售比，式（2.12）转化为：

$$\Gamma = \frac{1}{r_t^{real}+r_t^p-g_t^r} \tag{2.13}$$

式（2.13）表示租售比 Γ 与实际利率 r_t^{real} 和风险补偿率 r_t^p 以及实际租金增长率 g_t^r 的关系。

我们可以观察到式（2.13）右边项的分母，分母项有一个轻微的变化就会对方程左边项租售比产生较大影响。我们可以通过具体的数字来描述这种变化。

令 $r_t^{real}=3\%$，$r_t^p=7\%$，$g_t^r=5\%$，则 $\Gamma=1/$（$3\%+7\%-5\%$）$=20$。现在我们考察由于通货膨胀率的上升会导致房价有什么样的变化，如果通货膨胀率从期初的 2% 上升到 4%，货币政策当局并没有进行政策调整，这样的结果就是实际利率 r_t^{real} 从 3% 减少至 1%，租售比 Γ 就会从 20 上升到 33.3，在租金 D_t^h 不变的情形下，房地产价格 Q_t^h 就会上升 66.7%[①]。

上述房价变化机制告诉我们，房价对通货膨胀率的变化非常敏感。实际上通货膨胀率不仅可以影响实际利率，而且能影响风险补偿，稳定的房价上升预期导致风险补偿降低，进一步推高房地产价格。由此我们可以得出结论：货币政策成为影响房地产价格变化的主要因素。接下来，我们来考察美联储的货币政策变化与美国此次次贷危机的关系。

第二节　货币政策在金融危机中的作用

　　发生于 2007 年的美国次贷危机迅速演变成金融危机，然后快速蔓延到全球其他地区，最终形成全球性的金融危机。这场危机给全球经济带来了深远的影响，自"二战"以来，范围最广，影响最为严重的一次危机，虽然已经时过多年，但对全球经济的影响还未根本性消除，美国经济还处在复苏的边缘，欧洲经济还在苦苦的挣扎之中，中国经济处在艰难的转型之中，全球经济前景依然不确定。这次危机使得全球经济的重要经济体开始发生深刻的调整，美国开始提出"再工业化"战略，通过工业化升级试图重新夺回制造业霸主的地位，恢复美国制造业优势，提升美国的产业结构，优化美国经济结构；通过政治结构调整，欧洲试图通过约束性财政政策重新恢复经济活力；以中国为代表的新兴经济体努力面对全球经济形势的变化，重新寻找经济增长的推动力，这一寻找过程必然带来经济结构和产业结构的转变，对全球经济结构和经济前景带来积极的影响。

　　同时，此次次贷危机也给经济研究者带来深刻的反思，美联储的货币政策成为分析次贷危机的初始点。

一、货币政策与次贷危机关系的相关研究综述

　　众多的研究者认为美联储长期的低利率政策与此次次贷危机的发生密切相关。诺贝尔经济学奖得主约瑟夫·斯蒂格利茨于 2007 年在法国《回声报》撰文指出，自 20 世纪 90 年代以来，投资过度导致互联网泡沫破裂，同时"9·11"事件使美国经济增长方式的变化，由起初的投资拉动转为消费主导，在这一转变过程中，美联储通过实施低利率政策进行推动，经济保持了良好地运转，同时也积累了大量的金融风险，当利率政策发生转向时，金融风险被急剧释放造成资产价格泡沫破裂，"金融加速器"效应带来经济的过度波动。美联储前任主席沃尔克也认为是美联储过分纵容的货

币政策导致资产价格泡沫急剧增加，最明显的体现是 2000 年至 2004 年联邦基金利率长时间保持在极低的水平。国内经济研究者林毅夫（2008）[1]，何帆和张明（2007）[2] 也都认为为了应对互联网泡沫破裂带来的经济下滑，美联储采取宽松的货币政策来刺激经济，一方面宽松货币政策的实施确实避免了美国经济陷入萧条，但另一方面过分的宽松也带来了资产商品[3]需求大量增加和资产价格泡沫出现，尤其是房地产价格泡沫最为明显。房地产价格泡沫的破灭对经济造成严重的影响，最终导致全球经济陷入萧条。

关于货币政策和此次次贷危机的关系，J. Taylor（2007）[4]给出了令人信服的论证，20 世纪 80 年代中期以来，货币政策通过积极地响应通货膨胀，已促成了一个大缓和时期从而降低景气衰退周期。然而，从 2002 年至 2005 年，短期利率路径显著地偏离了传统泰勒规则。通过一个简单的模型与反事实模拟，Taylor 认为如果美联储的货币政策能够更好地遵从泰勒规则，这种偏差带来的房地产繁荣和房地产泡沫破灭就不会这么剧烈；由于没有遵循泰勒规则，反映市场变化的长期贷款抵押贷款利率和由政府控制调整的联邦基金利率在 2004 年之后的走向没有一致，没有一致的利率走向反映货币政策没有能够影响市场预期，如果能够更加严厉和谨慎地遵守泰勒规则，过度繁荣的房地产市场就会得到抑制，次贷危机或可避免。

二、货币政策与次贷危机研究的理论解释

本书接下来利用已有泰勒规则理论研究，考虑平滑性和前瞻性构建泰勒规则模型来考察 1999～2008 年美联储货币政策的松紧程度，来解释说明发生在美国的次贷危机和美联储的宽松货币政策密切相关。

泰勒规则是 John Tylor（1993）[5] 依照美国、加拿大和英国货币政策

---

① 林毅夫：《金融危机祸起 2001 年互联网泡沫》，《世界经济报道》，2008 年 10 月 8 日。
② 何帆、张明：《美国刺激债务危机是如何酿成的》，《求是》，2007 年第 20 期。
③ 广义的资产商品包括实物性资产和金融性资产，其中房地产价格波动对经济冲击最大。
④ John Taylor（2007），"Housing and Monetary Policy"，NBER Working Paper，No. 13682.
⑤ John Taylor（1993），"Discretion Versus Policy Rules in Practice"，Carnegie-Rochester Conference Series on Public Policy，pp. 195-214.

当局的货币政策实践研究发现，利用实际物价与目标值的偏离和实际产出与潜在产出的偏离来调整实际利率可以达到稳定产出和物价水平的目的。同时利用美国 1987~1992 年的季度宏观数据模拟后发现，联邦基金利率是唯一能够与物价水平和产出保持长期稳定的变量。泰勒规则想要传递的政策含义是，当经济体中实际利率与均衡利率相等，实际产出保持在潜在产出水平时，经济体才能保持稳定状态。然而现实是实际利率和产出由于技术进步、就业率、物价水平等因素的影响导致偏离均衡值和潜在水平，于是货币政策为保持宏观经济稳定就需要将利率保持在中性水平，形成稳定的货币政策环境，保证经济体在目标通货膨胀率下稳定运行。

泰勒规则一经提出就引起货币政策理论研究和实践的极大兴趣和重视，成为美联储和其他央行货币政策操作的重要参照[1]，同时，货币政策理论研究者发现 1993 版的泰勒规则具有四大局限：一是没有考虑利率动态变化的时间路径；二是没有考虑通货膨胀率变化趋势；三是没有考虑影响经济变化的外部因素；四是没有考虑金融领域对经济的影响。

针对上述局限，货币政策理论和实践者纷纷进行理论拓展和实践总结，对 1993 版泰勒规则进行升级和拓展。Levin 等（1998）[2]、Clarida 等（1998）[3]King（2000）[4]依据局限提出考虑利率平滑的泰勒规则。

Ball（1999）[5] 考虑到外部冲击的影响，尝试利用汇率与利率加权构造货币状况指数（MCI）来替代利率指数进行泰勒规则拓展。考虑到预期的因素，Clarida，Galiand 和 Gertler（2000）提出前瞻性泰勒规则，构建了前瞻性货币反应函数和简单宏观经济模型证明了 Volcker-Greenspan 时期利率规则的稳定性。

---

① 美联储、日本央行、德国货币政策当局、欧洲中央银行在布雷顿森林货币森林体系崩溃后无一例外遵循泰勒规则（简单和扩展）通过调整利率来维持宏观经济稳定。

② Levin, Wieland and William, "Robustness of Simple Monetary Policy Rules under Model Uncertainty", NBER Working Paper, No. 65701998.

③ Clarida et al. (1998), "Monetary Policy Rules in Practice: Some International Evidence", European Economic Review, 42, 1003-1067.

④ King, Robert G. (2000), "The New IS-LM Model Language, Logic, and Limits", Federal Reserve Bank of Richmond Econmic Quartely, 86 (3): 45-103.

⑤ Ball L. (1999), "Efficient Rules for Monetary Policy", International Finance, 2 (1): 63-83.

前瞻性泰勒规则模型的形成构建

1. 1993 版泰勒规则原式

Taylor（1993）利用 1987～1992 年季度数据研究提出如下货币反应函数：

$$i_t = r^* + \pi_t + \alpha(\pi_t - \pi^*) + \beta(y_t - y^*) \tag{2.14}$$

其中，i_t 为短期名义利率目标值（联邦基金利率），r^* 为长期均衡实际利率，π_t 为当期季度数据，π^* 为通货膨胀季度目标值，y_t 为实际季度产出，y^* 为潜在产出。

泰勒规则采用逆风向行事为基本原则，通过调整联邦基金利率来维系整个系统平衡。

2. 前瞻性模型构建

考虑到美联储操作的连续性和对经济形势的趋势预期，央行在调整利率时存在明显的平滑痕迹，同时还要考虑经济发展趋势变化规则。央行在利率调整时还要考虑前瞻性。

利率平滑行为我们假设为 AR（1）过程，具体形式如下：

$$i_t = r^* + \pi_t + \alpha(\pi_t - \pi^*) + \beta(y_t - y^*) + \gamma i_{t-1} + \varepsilon_t \tag{2.15}$$

其中，平滑参数 γ 反映央行操作的连贯性程度，ε_t 表示随机冲击遵循白噪声过程。

基于未来经济环境变化的考虑，Claida 等（2000）给出前瞻性泰勒规则：

$$i_t = r^* + \alpha(E[\pi_{t,k}/\Omega_t] - \pi^*) + \beta E[\chi_{t,q}/\Omega_t] + r \tag{2.16}$$

其中，$\pi_{t,k}$ 为 t 期到 $t+k$ 期的物价变化，E 为期望算子，$\chi_{t,q}$ 为 t 期到 $t+q$ 期的产出缺口，Ω_t 为 t 期信息集。

Anders Moller Christensen 和 Heino Bohn Nielsen（2005）[1] 在通过对长期政府债券 r_t^b 和联邦基金利率等相关经济变量关系研究中发现二者之间存在协整关系，表明两个变量在长期具有稳定的关系，因此我们可以发现债券利率的趋势变化能够反映美联储的货币政策意图，同时也能对货币政

---

① Anders Moller Christensen and Heino Bohn Nielsen（2005），"US Monetary Policy 1988-2004: An Empirical Analysis", Finance Research Unit Working Paper, No. 1.

策的实施提供一定的参考消息。因此我们考虑在货币规则中加入长期主债券。通过以上论述我们将前瞻性模型拓展为以下形式：

$$i_t = r^* + \alpha(E[\pi_{t,k}/\Omega_t] - \pi^*) + \beta E[\chi_{i,q}/\Omega_t] + \eta r_{t-1}^b + \gamma i_{t-1} + \nu_t \qquad (2.17)$$

去除不可观测的预期变量，式（2.17）转化为：

$$i_t = \beta_0 + \beta_1 i_{t-1} + (1-\beta_1)\pi_t + \beta_2(\pi_{t+1} - \pi^*) + \beta_3 y_{t+1} + \beta_4 r_{t-1}^b + \varepsilon_t \qquad (2.18)$$

其中，y_{t+1} 为产出缺口。

三、实证分析与模型估计

（一）潜在产出和产出缺口的确定

针对潜在产出和产出缺口的估计主要有以下三种方法：第一种方法是线性趋势法；第二种方法是滤波法；第三种方法是生产函数法。

线性趋势法使用实际产出估计值作为潜在产出，既没有考虑到各个时点上可能发生的结构性的实际变化，也没有考虑实际产出由于政策作用会超越潜在产出的情形。滤波法是把实际产出时间序列看成不同周期分量的叠加，通过分析过滤揭示其结构特征，找出其波动特征。滤波法又分为 HP 滤波、BP 滤波和卡尔曼滤波三种。其中 HP 滤波最为常用，HP 滤波方法是将实际产出时间序列分为长期增长和周期两部分，通过对周期成分的过滤得到长期增长成分，假定周期成分均值为零。具体形式是通过最小化损失函数实现：

$$\underset{\{g_t\}_{t=1}^{T}}{\text{Min}}\left\{\sum_{t=1}^{T} c_t^2 + \lambda \sum_{t=1}^{T}[(g_t - g_{t-1}) - (g_{t-1} - g_{t-2})]^2\right\} \qquad (2.19)$$

其中，g_t 为潜在产出序列，c_t 为周期波动部分，λ 为惩罚参数。其取值依赖于经验判断，季度数据取值往往为 1600。

HP 法的主要局限在于不能够区分冲击的时间而无法判断冲击类型[①]。针对这一局限，1995 年 Baxter 和 King 提出了能够区分冲击类型克服 HP 局限的 BP 滤波方法，值得注意的是二者在小样本情形下结果几乎相同。卡尔曼滤波通过把状态空间变量法估计出参数得到趋势成分和波动成分。

---

① 无法区分冲击是长期还是短期，以及惩罚参数取值的主观性。

同时可以进行多变量滤波。上面的滤波方法对趋势要求并不相同，线性趋势法要求趋势平稳，卡尔曼滤波法则要求趋势非平稳，BP 和 HP 滤波法要求趋势介于二者之间。

生产函数法是针对上述方法没有经济理论基础，缺乏供给信息而提出的，通常生产法估算出生产函数①然后代入生产要素来计算潜在的产出。生产函数法充分考虑了生产要素的实际状况，充分显现宏观经济供给面的情况，得到了经济理论的支持，受到部分学者和组织②的支持。可是生产函数法对数据精度要求较高，需要完善准确的数据库；同时该法难以及时反映外生变量冲击，而且估计程序复杂、面临函数形式、技术类型、投入要素形式、规模收益类型等问题。因此用生产函数法来估计潜在产出不能保证所求结果的精度。

（二） 通货膨胀率目标值的设定

使用泰勒规则是存在物价水平的选择问题，具体包括：一是物价水平表示指标的选择，也就是选择何种物价指标③表示通货膨胀率；二是通货膨胀率目标值的设定值④。关于物价指标选择上最为常用的指标是CPI。通货膨胀率目标设定值上，根据 Taylor（1993）认为美联储在执行时将目标值设定为 2%，因此对模型估计时我们也将采用 Taylor 的建议设定为 2%。

（三） 数据描述和分析

本书数据采用了美联储圣路易斯分行数据库的季度数据，样本期从2000 年第 1 季度至 2009 年第 1 季度，内容包括通货膨胀率、产出缺口、联邦基金利率、10 年期政府债券利率和美国房价指数⑤。

被解释变量为产出缺口，具体计算步骤为：首先采用 HP 滤波方法得

---

① 一般情况下采用柯布—道格拉斯生产函数形式。

② 如美国国会预算办公室，OECD 都采用过这种方法供给潜在产出。

③ 物价水平的表示一般包括 GDP 平减指数、CPI、PPI、核心 CPI 等指标。

④ 包括央行公布的目标值和该经济体长期的通货膨胀率均值。

⑤ 采用 S&P Case-Shiller 10-City Home Price Index（SPCS10RSA）指数，以 2000 年 1 月为基数100，经过季节调整。

到潜在 GDP，其次计算产出缺口①。样本数为 37 个，变量特征描述见表 2-1，美国房价波动趋势见图 2-1。

表 2-1　变量特征描述

变量	Obs	均值	标准差	最小值	最大值
房价指数	37	168.31	41.0492	101.93	226.44
通货膨胀率	37	0.0281719	0.0104817	0	0.0534709
产出缺口	37	-0.0000569	0.0105282	-0.0359019	0.016445
联邦基金利率	37	3.139189	1.948372	0.16	6.53
10 年期政府债券利率	37	4.541622	0.7587435	2.74	6.48

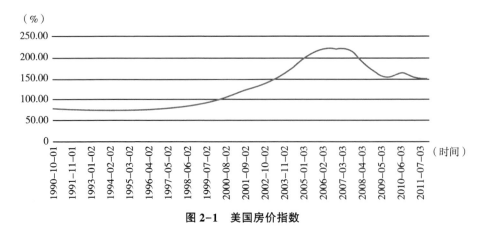

图 2-1　美国房价指数

通过表 2-1 可以发现房价和联邦基金利率波动较大。观察图 2-1 发现美国房价变动可以分为三个阶段，第一阶段从 1990 年第 1 季度到 1998 年第 4 季度，房价非常平稳，几乎没有变化。房价指数基本没有上涨，这一时期实际利率表现稳定，基本没有调整。第二阶段从 1999 年第 1 季度

---

① 产出缺口 $GDP\_GAP = \dfrac{GDP - GDP\_HP}{GDP\_HP}$。

至 2006 年第 2 季度开始，美国房价开始一路上升，进入 1999 年通货膨胀开始抬头，此时名义利率调整不足，导致实际利率下降，推动房价上升，2000 年由于互联网泡沫的破灭，以及 2011 年的"9·11"事件，美国从 2001 年 3 月经济开始衰退，为避免经济危机蔓延和加深，美联储于同年 4 月宣布开始降息，联邦基准利率从 2001 年 1 月的 6%一路降至 2003 年 6 月的 1%，保持至 2004 年 6 月，使低利率维持长达一年之久，长时间地维持低利率推动了美国房价一路攀升，直到 2006 年 2 季度房价拐点才开始出现，虽然在此之前，美联储于 2004 年开始提高联邦基准利率，但是上调幅度过低，虽然在年底达到 2.25%，但高达 3%的通货膨胀利率，压低了市场实际利率，实际利率依然还是处于较低水平。第三阶段从 2006 年第 2 季度开始，实际利率开始触底反弹，美国房价开始进入下行通道，随着通货膨胀率的进一步降低，实际利率快速提升，导致房价泡沫最终破裂，次贷危机出现，最终引发金融海啸并演变成为世纪经济灾难。

通过对美国房地产价格变化的描述，我们发现，实际利率在其中起着重要的作用，美联储执行货币政策的偏差是推动房地产价格快速上升的直接原因。

(四) 实证分析

下面本书对美联储在 1999～2008 年的货币政策适度情形进行估计，来发现美联储在执行货币政策时出现的偏离。

首先我们对式 (2.18) 进行估计，在估计之前我们首先对变量序列进行平稳性检验，检验过程如下。

1. 通货膨胀率的平稳性检验

从图 2-2 可以看出通货膨胀率 PAI 没有明显的时间趋势，但应该有常数项。

从表 2-2 可以看出，由于麦金农的近似 p 值（MacKinnon approximate p-value）为 0.2327，故无法拒绝存在单位根假设。我们可以认为通货膨胀率是非平稳序列。

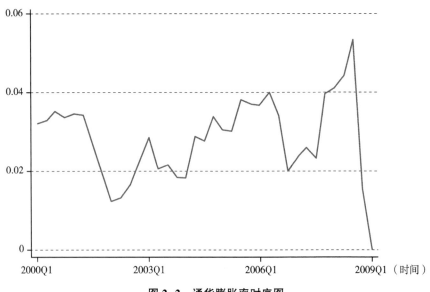

图 2-2 通货膨胀率时序图

表 2-2 通货膨胀率平稳性检验

Dickey-Fuller test for unit root				Number of obs = 36
			Interpolated Dickey-Fuller	
	Test Statistic	1% Critical Value	5% Critical Value	10% Critical Value
z(t)	−2.130	−3.675	−2.969	−2.617

Mackinnon approximate p-value for z(t) = 0.2327.

我们将通货膨胀率进行一阶差分，再进行检验，检验结果见表 2-3。

表 2-3 通货膨胀率一阶差分后的平稳性检验

Dickey-Fuller test for unit root				Number of obs = 35
			Interpolated Dickey-Fuller	
	Test Statistic	1% Critical Value	5% Critical Value	10% Critical Value
z(t)	−4.915	−3.682	−2.972	−2.618

Mackinnon approximate p-value for z(t) = 0.0000.

根据检验结果麦金农的近似 p 值为 0. 0000，显著地拒绝原假设，即我们可以认为时间序列 PAI（通货膨胀率）是平稳的。

2. 产出缺口的平稳性检验

我们再来观察产出缺口的时序图（见图 2-3），发现产出缺口不存在明显的时间趋势项和常数项，初步判断为平稳序列。

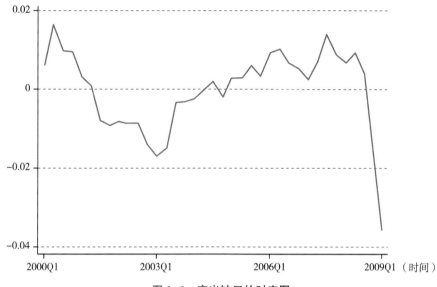

图 2-3　产出缺口的时序图

其次我们对其进行 DF 检验来考察其平稳性，根据 DF 检验结果（见表 2-4）我们观察麦金农的近似 p 值为 0. 9303 也存在单位根，时间序列产出缺口不平稳。

表 2-4　产出缺口 DF 检验

Dickey-Fuller test for unit root			Number of obs　=　36	
		— Interpolated Dickey-Fuller —		
	Test Statistic	1% Critical Value	5% Critical Value	10% Critical Value
z(t)	-0. 265	-3. 675	-2. 969	-2. 617

Mackinnon approximate p-value for z(t) = 0. 9303.

我们将序列进行一阶差分后再来考察其平稳性（见表2-5）。

表 2-5　产出缺口序列一阶差分后的平稳性检验

Dickey-Fuller test for unit root				Number of obs = 35
			Interpolated Dickey-Fuller	
	Test Statistic	1% Critical Value	5% Critical Value	10% Critical Value
z(t)	−3.477	−3.682	−2.972	−2.618

Mackinnon approximate p-value for z(t) = 0.0086.

根据 DF 检验结果我们认为时间序列 GDP_GAP 的一阶差分序列平稳。

再来观察联邦基金利率的时序图（见图2-4），我们初步的结论为，该时间序列非平稳，没有时间趋势，但存在常数项。

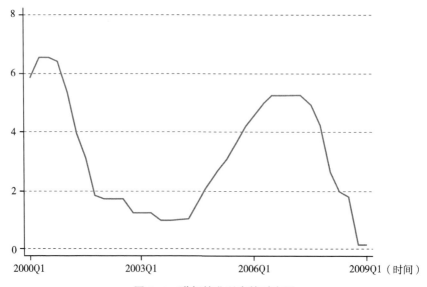

图 2-4　联邦基准利率的时序图

3. 联邦基准利率的平稳性检验

从图 2-4 我们可以初步判断，该时间序列为非平稳序列。进一步通过 DF 检验来考察该时间序列的平稳性，根据 DF 检验结果（见表 2-6），我们发现该时间序列非平稳，支持该序列存在单位根。

表 2-6 联邦基准利率 DF 检验结果

Dickey-Fuller test for unit root				Number of obs = 36
	Test Statistic	1% Critical Value	5% Critical Value	10% Critical Value
z(t)	-0.863	-3.675	-2.969	-2.617

Mackinnon approximate p-value for z(t) = 0.7998.

将联邦基金利率 i 时间序列进行一阶差分，然后我们在对其差分序列进行 DF 平稳性检验，检验结果见表 2-7。

表 2-7 联邦基准利率一阶差分后的 DF 检验结果

Dickey-Fuller test for unit root				Number of obs = 35
	Test Statistic	1% Critical Value	5% Critical Value	10% Critical Value
z(t)	-3.190	-3.682	-2.972	-2.618

Mackinnon approximate p-value for z(t) = 0.0206.

在 5% 的置信水平下，显著地拒绝原假设，即我们可以认为时间序列 i 的一阶差分时间序列是平稳的。

4. 美国政府债券利率的平稳性检验

最后我们考察美国政府 10 年期债券利率的时序图（见图 2-5），初步认为该时间序列非平稳。

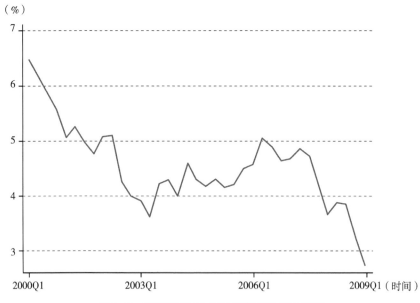

图 2-5   美国政府 10 年期债券利率的时序图

进一步通过对该时间序列进行 DF 检验，来明确确定该序列的平稳性，DF 检验结果见表 2-8。

表 2-8   美国政府 10 年期债券 DF 检验结果

Dickey-Fuller test for unit root				Number of obs = 36
			Interpolated Dickey-Fuller	
	Test Statistic	1% Critical Value	5% Critical Value	10% Critical Value
z(t)	-1.640	-3.675	-2.969	-2.617

Mackinnon approximate p-value for z(t) = 0.4623.

根据 DF 检验结果，*p* 值为 0.4623，我们发现认为该时间序列为非平稳，存在单位根。同样的我们对该时间序列进行一阶差分，对一阶差分后的时间序列重新进行 DF 检验，检验结果见表 2-9。

表 2-9　美国政府 10 年期债券一阶差分后 DF 检验结果

Dickey-Fuller test for unit root			Number of obs　=　35	
		————— Interpolated Dickey-Fuller —————		
	Test Statistic	1% Critical Value	5% Critical Value	10% Critical Value
z(t)	-5.454	-3.682	-2.972	-2.618

Mackinnon approximate p-value for z(t) = 0.0000.

由检验结果可知，时间序列 i_B 的一阶差分时间序列是平稳的。

通过以上平稳性检验，所有变量均不能拒绝存在单位根的原假设，也就是说所有变量时间序列都是不平稳的，当对所有变量进行一阶差分之后的时间序列都显著地拒绝存在单位根的原定假设，一阶差分后的变量时间序列是平稳的。

接着我们进行协整性检验，来确定变量之间是否存在联系。通过 DF 平稳性检验（见表 2-10），所有变量存在一阶单整 $i(1)$ 序列，这说明变量之间可能存在长期趋势协整关系。

表 2-10　变量间的协整检验结果

Johansen tests for cointegration					
Trend: trend				Number of obs　=　35	
Sample: 2003q3 ~ 2009q1				Lags　=　2	
maximum rank	parms	LL	eigenvalue	trace statistic	5% critical value
0	24	241.22214	0	60.9572	54.64
1	31	255.43863	0.55620	32.5242*	34.55
2	36	263.19191	0.35792	17.0176⁻	18.17
3	39	268.51244	0.26216	6.3765	3.74
4	40	271.70072	0.16655		
maximum rank	parms	LL	eigenvalue	max statistic	5% critical value
0	24	241.22214	0	28.4330	30.33
1	31	255.43863	0.55620	15.5066	23.78
2	36	263.19191	0.35792	10.6411	16.87
3	39	268.51244	0.26216	6.3765	3.74
4	40	271.70072	0.16655		

包含常数项和时间趋势项的协整检验表明，在 5% 的置信水平上下，变量之间存在协整关系，表明这些变量之间存在稳定的均衡关系。

通过上述分析和检验，我们确定变量之间存在稳定的均衡关系，接下来我们对美国前瞻性泰勒规则进行实证分析。

根据美国 2000 年第 1 季度至 2009 年第 1 季度的相关数据，对式（2.18）进行估计（见表 2-11），对其进行 OLS 估计结果如下：

$$i_{t\_rule} = -0.0617 + 0.7122 i_{t-1} + (1-0.7122)\pi_t + 0.2549(\pi_{t+1}-0.02) + 0.5552 y_{t+1} + 0.0040 r_{t-1}^b$$

$$(2.20)$$

$$(1.8929)^* \quad (8.9544)^{***} \quad (3.6182)^{***} \quad (2.1505)^{**} \quad (4.2647)^{***} \quad (2.0652)^{**}$$

其中，* 表示 10% 显著；** 表示 5% 显著；*** 表示 1% 显著。

表 2-11　基于 OLS 实证分析结果

Constrained linear regression					Number of obs　=　35	
i_1+PAI=1					Root MSE　=　0.0050	
i	Coef.	Std. Err.	t	p>|t|	[95% Conf. Interval]	
i_1	0.7122146	0.0795381	8.95	0.000	0.549776	0.8746532
PAI	0.2877854	0.0795381	3.62	0.001	0.1253468	0.450224
PAIT	−0.2548771	0.1185173	−2.15	0.040	−0.4969216	−0.0128325
y_1	0.5552139	0.1301879	4.26	0.000	0.2893348	0.8210931
b_1	0.0040293	0.001951	2.07	0.048	0.0000448	0.0080137
_cons	−0.0166556	0.0087989	−1.89	0.068	−0.0346254	0.0013142

四、结论与启示

利用式（2.20）得到的估计参数和因变量的实际值计算出符合前瞻性泰勒规则模型的利率值，该利率值是依据拓展泰勒规则的理论利率值 i_{rule}，通过理论值与联邦利率实际值相减得到理论与实际的差额，我们称为理论偏离，记为 i_{bias}。

$$i_{bias} = i_{t\_rule} - i_t \qquad (2.21)$$

当 $i_{bias}>0$ 时，表示实际利率小于宏观经济稳定所要求的理论值，此时表示美联储的货币政策过于宽松，当 $i_{bias}<0$ 时，表示实际利率高于宏观经济稳定所要求的理论值，此时美联储的货币政策过于紧缩。

美联储 2000 年第 1 季度至 2008 年第 4 季度货币政策松紧的时序图，如图 2-6 所示。我们把美联储的货币政策变化分为以下五个阶段：

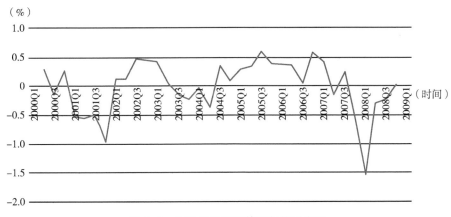

图 2-6　美联储货币政策松紧的时序图

（1）从 2000 年初至 2000 年末，美联储为了应对互联网泡沫破灭采取了相对宽松的货币政策，避免了经济再次陷入衰退。回顾 20 世纪 90 年代美国经济，在这一时期，美国处于经济扩张和股市非理性繁荣阶段，为了遏制经济过热，美联储把联邦基金利率维持在历史高位，2000 年，随着互联网神话被打破，经济开始出现衰退，美联储开始实施宽松的货币政策，比较来看，此时期的货币政策过于宽松，经济中出现泡沫风险。

（2）从 2001 全年，虽然美联储执行了低利率的货币政策，但是与理论要求相比仍处于相对较紧的阶段，此时宏观经济还未达到最优状态，还有向上发展的空间。虽然此时利率走低，但是仍高于宏观经济体的要求，宏观经济需要进一步放松货币。

（3）从 2002 年第 1 季度到 2003 年中，美联储根据宏观经济的需要进一步降低联邦基准利率，推动经济增长和就业增加，但此时的货币政策又过于宽松，经济出现过热的风险，房地产价格也出现了泡沫。

（4）从 2003 年中到 2004 年中美联储的货币政策又开始相对收紧，试图挤压经济中的泡沫，保持经济平稳增长，减少经济过热的风险，联邦基金利率虽然表现为下降但仍然高于理论值，因此此时的货币政策依然处于相对收紧的态势。

（5）虽然从 2000 年到 2004 年货币政策出现不同的状态，但整体来看，货币政策推动了宏观经济的相对稳定增长，从 2004 年中开始美联储的货币政策出现相对宏观经济过分宽松的情形，这一过分宽松的局面一直持续到 2007 年第 1 季度，长达 33 个月的宽松货币政策使经济出现过热，同时也推动了房地产价格的快速上涨，房地产价格泡沫开始出现并不断大量积累。随着 2007 年第 2 季度货币政策的收紧引起房价快速下降，导致美国次贷危机爆发，相对紧缩的货币政策一直持续到 2008 年第 3 季度，推动资产价格进一步缩水，形成全球金融危机，世界经济陷入 20 世纪 30 年代以来最为严重的经济衰退。

通过对美国当局货币政策松紧状况的实证分析和描述，我们发现 2004 年第 2 季度至 2007 年第 1 季度，持续 11 季度的相对宽松的货币政策推动了以房地产为代表的资产价格快速上升，形成大量的房地产泡沫。随着对经济过热的担忧，美联储货币政策开始收紧，过分的收紧带来了房地产价格泡沫的破灭，最终形成了严重的金融海啸，使全球经济陷入困境，从中我们可以吸取以下教训：①货币政策的制定和实施，需要准确把握经济的未来发展趋势，同时要适时监控经济变量的变化，使货币政策与宏观需要保持一致。②货币政策除了关注实体经济的变化外，也要考虑货币政策对资产价格的影响，同时也要意识到资产价格的冲击，对经济波动具有放大机制。③长期不当的货币政策会对资产价格产生重大影响，市场利率的轻微变化会给资产价格带来巨大的变化，货币政策的制定除了考虑对实体经济的影响外还要考虑对资产价格的影响。

第三节 资产价格波动下传统货币政策的缺陷

发生在 2007 年至 2008 年的金融危机不仅给世界经济带来了巨大冲击，同时也暴露出传统货币政策的不足。金融危机的爆发一定程度上要求金融危机理论与货币政策的研究向前推进。

货币政策是社会经济发展到一定阶段必然出现的结果，随着不兑换信用货币的出现，货币政策在经济中的重要作用日益显现。追溯宏观经济学和货币经济学的发展史，在宏观经济理论框架里，货币政策的地位不是一成不变的。在凯恩斯发表通论以后，政府开始进行需求管理，加强对宏观经济的干预。在 20 世纪 30 年代，由于需求不足是宏观经济的主要特征，在较长一段时期，政府偏好财政政策，货币政策相对处于被冷落的地位[1]。在政府宏观经济理论框架下，更多地考虑财政政策的有效性。进入 20 世纪 70 年代，经济陷入滞胀，同时通货膨胀率从 2% 上升到 1980 年超过 13% 的高位。由米尔顿·弗里德曼、埃德蒙斯·菲尔普斯、罗伯特·卢卡斯的经济理论开始被人们重视，货币主义开始流行，新凯恩斯主义也开始重视和加强对货币政策的研究，政府也开始使用货币政策来解决宏观经济问题。Woodford M.（2003）指出货币政策用来稳定通货膨胀进而消除由于价格变化带来的资源配置和效率损失，但只在短期内有效。

一、传统货币政策范式

传统的货币政策范式来源于凯恩斯理论，基于菲利普斯曲线（Phillips Curve)[2] 进行货币政策的选择。

短期宏观经济模型由三个基本方程构成，具体表述如下：

---

[1] 凯恩斯认为在萧条阶段由于利率水平较低，存在流动性陷阱，此时货币政策作用较弱。

[2] Phillips, A. W.（1958），"The Relation between Unemployment and the Rate of Change of Money Wage Ratesin the United Kingdom, 1861–1957", Economic, New Series, 25（100），pp. 283–299.

IS 曲线: $$y_t = \beta_0 - \beta_1 (R_t - \bar{r}) \tag{2.22}$$

MP[①] 曲线: $$R_t \tag{2.23}$$

菲利普斯曲线: $$V_{\pi_t} = \bar{\nu} y_t + \bar{o} \tag{2.24}$$

其中,y_t 为偏离稳态值。R_t 为实际利率,$\bar{r}$ 为经济体均衡利率,β_1 为投资对利率的敏感弹性[②],V_{π_t} 表示通货膨胀率的预期变化程度,$\bar{\nu} y_t$ 为经济体调整幅度,$\bar{\nu}$ 为调整系数,$\bar{o}$ 为对通货膨胀率预期变化的外部冲击。

我们首先观察 IS 曲线,假定在 t 期 $\beta_0 = 0$,$\beta_1 = 2$,$R_t = \bar{r} = 0$,此时我们可以发现经济处在潜在水平上,$y_t = 0$,在下一期即 $t+1$ 期实际利率 R_{t+1} 上升至 6% 时,根据式(2.22)及参数取值,$y_{t+1} = -2\%$,短期产出下降到 -2%,所以经济体的实际产出小于潜在产出 2%。

其次观察 MP 曲线,根据费雪方程,我们知道名义利率 i_t 等于实际利率 R_t 与通货膨胀率 π_t 的和。因此实际利率 R_t 求解就是名义利率 i_t 减去通货膨胀率 π_t 得出[③]。

$$R_t = i_t - \pi_t \tag{2.25}$$

因此只要名义利率的变动不能被通货膨胀率变化全部抵消,实际利率就会发生变化[④]。中央银行通过对名义利率的调整,由于通货膨胀存在黏性,通货膨胀调整相对缓慢,因此实际利率发生变化。家庭根据实际利率与资本的边际产出的关系调整投资。

最后我们观察式(2.24),其表示菲利普斯曲线,从这一曲线我们可以看出下一期的通货膨胀率有三个因素决定:一是企业预期通货膨胀率,二是对经济状况的变化程度,三是通货膨胀冲击。例如,如果冲击 $\bar{o}$ 为石油价格冲击,就会对经济体中的许多价格产生影响。其中有些是直接影响,有些则为间接影响。外部冲击会引起菲利普斯曲线移动。

---

① MP 曲线是近年来对经济波动研究的补充,由 David Romer 提出,参见 David Romer & Keynesian,"Macroeconmics without the LM Curve",Journal of Econmic Perspectives,Vol. 14(spring 2000),pp. 149-169. 有兴趣的读者还可以发现 Michael Woodford 在其著作("Interest and Price",Princeton,N. j.:Princeton University Press,2003)中有详细的描述和讨论。

② 取值较大时,IS 曲线较为平坦,即表示利率的较小变动可以引起产出更大的变化。

③ 费雪等式:$i_t = R_t + \pi_t$。

④ 这里暗含的假定就是黏性通货膨胀假设。

观察整个模型我们发现，模型中有一个重要的权衡抉择，这一抉择掌握在中央银行或者货币政策当局手中，短期的高产出会导致通货膨胀率上升。通过选择实际利率 R，中央银行或货币政策当局来进行有效的货币政策权衡抉择。也即根据经济体中的实际运行状况来进行货币政策抉择。一般情况下，传统的货币政策抉择是取决于短期产出即总需求通货膨胀的冲击。货币政策规则可以简单地概括为如下形式：

$$R_t - \bar{r} = \bar{m}(\pi_t - \pi^*) \tag{2.26}$$

在这一传统货币政策规则框架下，货币政策的判断基于当前的通货膨胀率 π_t 和通货膨胀目标值 π^*。如果通货膨胀实际值超过通货膨胀目标值，规则就要求提高实际利率，于是货币政策当局就会采取紧缩的货币政策。反之，实际通货膨胀率低于目标值时，当局就会采取措施降低实际利率，即宽松的货币政策来刺激经济。

参数 $\bar{m}$ 决定了货币政策当局对付通货膨胀的货币政策的强度。假如实际通货膨胀率高出目标值 1% 时，就要求实际利率超出资本边际产出 $\bar{m}$%。例如，在 t 期，$R_t = \bar{r} = 5\%$，$\bar{m} = 0.5$，$\pi_t = \bar{\pi} = 2\%$ 时，整个经济处于均衡状态，在下一期，实际通货膨胀率 π_{t+1} 上升为 5% 时，则根据货币政策规则式（2.26）就要求实际利率 R_{t+1} 提高 0.5% 达到 5.5%。反之，则需要调低实际利率。如果 $\bar{m} = 2$，则就需要货币政策当局对实际利率有一个较大的调整才能应对经济的变化，实际利率就需要提高 2 个百分点上升至 7%。

通过对传统货币政策的描述我们发现，在面对此次资产价格冲击时传统的货币政策难以满足需要。

二、传统货币政策的缺陷

（一）难以调控资产价格

我们发现资产价格并没有出现在式（2.26）中，也就是说货币政策当局忽视了资产价格的变动，这种善意忽视来自于"杰克逊·霍尔共识"（Jackson Hole Consensus），该共识认为货币政策当局首要目标是保持物价稳定（Kahn，1996）。物价稳定指的是一般物价水平并不包括资产价格，在这种政策框架下，当局只关注实际通货膨胀缺口和产出缺口，通过控制名义利率的方式来影响实际利率，对名义利率的控制采用的是在这一利率水平提供任意数量的货币供应量。在美国等发达经济体，货币政策的立场是以短期的名义利率而不是以货币供应量的方式得以体现，原因在于：一是货币供应量对实体经济的影响是通过对实际利率的影响进而影响实体经济，在这一过程中利率是一个关键变量；二是因为货币的需求曲线越来越不稳定，容易遭受更多的冲击，除了利率之外，物价水平和实际产出的变化都会使货币需求曲线发生移动；其他比如金融创新导致的交易方式和金融产品的不断涌现，纵然货币供应量不做变化，实际利率和产出也会发生变化。通过直接以利率为调整目标，货币政策当局可以采取措施化解货币需求冲击，避免货币需求冲击对通货膨胀缺口和产出缺口产生较大影响，从而达到稳定经济的目的。

2000~2007年美联储在长时期保持低利率，我们可以发现美国的通货膨胀缺口始终保持在较低的水平，但是在2006~2007年期间房地产价格快速上升积累了大量泡沫，但由于通货膨胀率保持较低，美联储善意地忽略了资产价格的变化，不对其做出政策的适度反应。当然其忽视的另一个逻辑是，一般物价水平的稳定可以保证资产价格和金融的稳定（Schwartz，1995；Issing，2003；Schioppa，2003）①。还有一些研究者（Calomiris and Gordon，1991；Bordo et al.，2000）发现一般物价水平稳定可以促进金融稳定，金融稳定反过来也可以促进一般物价水平的稳定，还发现以往的金融危机经常发生在物价水平持续上涨阶段。著名学者Bernanke和Gertler（2001）认为在弹性通货膨胀目标制下，物价水平稳定和金融稳定二者高度一致，在泰勒规则下，资产价格的变动通过产出缺口变化显现出来，通过对产出缺口的关注，货币政策当局利用货币政策框架进行逆风向行事影响产出缺口和通货膨胀缺口（见图2-7），既能挤出资产价格泡沫，又能稳定产出和通货膨胀。一般物价水平和进入稳定是一个内在一致的目标，货币政策当局无须关注资产价格的变化。然而此次金融危机对传统

---

① 也就是通常意义上所说的协同观点，二者存在逻辑上的一致性。

货币政策框架提出质疑，一般物价水平的稳定没有保证金融的稳定，金融危机爆发的时候，一般物价水平依然保持较为稳定的情形；产出缺口也没有体现出资产价格变化。仅仅关注一般物价而"善意"忽视资产价格变化的货币政策框架难以满足实际经济的需要，经济环境和金融环境发生了变化，传统的货币政策框架不能够达到既保证物价稳定又保证金融稳定。

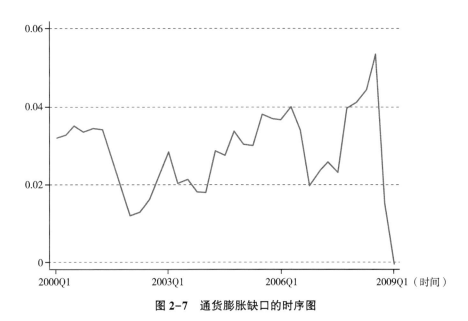

图 2-7　通货膨胀缺口的时序图

（二）传统货币政策对金融结构的快速变化重视不足

金融危机使得我们重新审视金融结构对金融稳定和经济稳定的影响，金融结构作用和影响是由 Goldsmith 在论述金融结构和经济发展时首次提出，Merton 和 Bodie 围绕这一主题在引入信息不对称、金融管制和垄断等因素后提出金融五大功能①。具体到金融中介机构，Aleen 和 Gale 认为它们可以降低金融市场内部的短期风险，尤其是宏观经济波动给金融市场带

---

① 一是信息；二是监控；三是风险分散与转移；四是资金累积与转移储蓄；五是降低市场交易成本。

来的冲击，有利于金融的稳定。Allen 和 Gale（2000）、Allen（2006）、Demirgue Kunt 和 Levine（2001c）通过对银行主导型和市场主导型对比发现，市场主导型金融机构配置金融资源效率较高，银行主导性金融机构防范短期风险方面更为突出，市场主导型可以较好地促进金融创新，银行主导型金融机构在处理信息不对称方面更为出色。

从 20 世纪 80 年代以来，各国金融机构出现从银行主导型向市场主导型转变的趋势日益明显，金融市场型金融机构在资源分配和金融创新的处理方面具有明显的效率，成为世界各国金融机构发展趋势。市场型金融机构对经济发展和金融创新有着非常好的表现，促进了科技企业快速发展，但是也带来了负面影响。原有的金融市场分割被打破，例如，房地产市场、房地产贷款抵押市场以及相关的金融衍生品市场都被紧密地联系在一起，虽促进了各个市场的发展，但市场间的风险传递也更加便利。金融市场的快速发展带来了市场规模的迅速扩大，超过了实体经济规模，同时一体化加剧，任何一个金融市场的波动都会被快速地传递到全球其他市场，金融市场和实体经济联系日益紧密，金融市场的波动也会带来实体经济的波动，金融市场的快速发展使得衍生品不断被推出，规模迅速膨胀，增加了系统风险，金融市场的快速发展也导致资产价格波动加大①。金融结构的变化，使得资产价格的波动加大，金融市场的系统风险增加，金融市场规模的快速增加使金融市场成为影响实体经济波动的重要渠道。当资产价格出现波动时，金融市场会使波动放大，同时快速地在市场中传递，进而向实体经济传递造成实体经济的更大波动。

（三）传统货币政策对低估资产价格泡沫破裂的危害

对于资产价格泡沫破裂的危害，"事后救助论"（Greenspan，2002；Bernanke and Gertler，2001）者认为，由于资产价格泡沫本身难以识别，传统的货币政策对资产价格的影响较小，如果使用货币政策刺破泡沫，对投资方面的影响远远超过泡沫刺破所获得的利益。

----

① J. Benson Durham（2000）检验 1986 年 1 月到 1994 年 10 月 12 个金融市场数据后发现，在开放后 8 个月内金融市场波动性上升约 2 个百分点。

杰出的宏观经济学者 Svensson（2001）、Reinhart（2003）和 Bernanke（2004）都认为资产价格泡沫无须刺破，只要在其破裂后及时救助，其损失可以控制在较小且可以接受的水平。然而事实是 2007 年房地产价格泡沫的破裂带来的巨大损失却是无法承受的：美国经济在 2008 年第 4 季度实际产出减少 1.3%，接着在第二年的第 1 季度和第 2 季度分别下降 5.4% 和 6.4%（见图 2-8），世界其他经济体实际 GDP 在 2008 年第 4 季度下滑 6.4%，2009 年第 1 季度缩水 7.3%，全球发达经济体失业率迅速攀升至两位数以上。资产价格泡沫破裂带来了严重的经济衰退和严重失业（见表 2-12），危机爆发 4 年之后，全球经济前景依然不明朗，美国经济复苏力度仍然较弱，仍未完全摆脱金融危机带来的负面影响；欧洲政府处在破产的边缘，欧洲经济在苦苦挣扎；新兴经济体由于外部最终需求的减少面临着经济转型和经济减速的危险。

表 2-12　资产泡沫破裂所造成的损失

	1970~2008 年		1985~2008 年	
	房地产	股票	房地产	股票
泡沫破裂事件（次数）	47	98	25	57
每个国家平均泡沫数（个）	2.76	4.67	1.47	2.71
泡沫破裂持续时间（季度）	10.02	6.98	9.74	6.29
物价累计降幅（%）	-17.71	-37.38	-15.58	-38.9
产出累计降幅（%）	-4.27	-1.31	-3.27	-1.29

资料来源：IMF。

图 2-8　美国实际 GDP 的时序图

资料来源：http：//research. stlouisfed. org。

三、传统货币政策面对的挑战

此次金融危机给传统货币政策带来挑战，要求传统货币政策进行变革和拓展。此次危机发生以前，IMF 出版的 2007 年 7 月期《世界经济展望》预测全球经济将继续保持强劲增长，把全球增长速度从 4.9% 上调至 5.2%，调高了对 2007 年和 2008 年全球增长的预测。从表 2-13 可以看出相对于 4 月份的预测，7 月份上调了 0.3 个百分点，表示依据传统的宏观模型经济将持续增长。虽然美国的经济增长向下调整，但 IMF 乐观估计，美国经济将很快恢复强劲的增长，对其他发达经济体的经济增长预期无一例外地给出了令人欣喜的展望，新兴经济体中的印度、俄罗斯、中国的经济增长更为看好。物价水平方面，虽然初级产品价格有上升的压力，但消费物价仍处于可以承受的程度，尤其是发达经济体的消费物价处于较低的水平，约为 2%。

表 2-13 IMF《世界经济展望》预测

单位:%

	当前的预测				与2007年4月预测的差异	
	2005 年	2006 年	2007 年	2008 年	2007 年	2008 年
世界产出	4.9	5.5	5.2	5.2	0.3	0.3
主要发达经济体	2.6	3.1	2.6	2.8	0.1	0.1
美国	3.2	3.3	2.0	2.8	−0.2	—
欧元区	1.5	2.8	2.6	2.5	0.3	0.2
德国	0.9	2.8	2.6	2.4	0.8	0.5
法国	1.7	2.0	2.2	2.3	0.2	−0.1
意大利	0.1	1.9	1.8	1.7	—	—
西班牙	3.5	3.9	3.8	3.4	0.2	—
日本	1.9	2.2	2.6	2.0	0.3	0.1
英国	1.8	2.8	2.9	2.7	—	—
加拿大	3.1	2.8	2.5	2.8	0.1	−0.1
其他发达经济体	3.9	4.3	4.2	4.1	0.4	0.3
亚洲新兴工业化经济体	4.7	5.3	4.8	4.8	0.2	0.2
其他新兴市场和发展中国家	7.5	8.1	8.0	7.6	0.5	0.5
非洲	5.6	5.5	6.4	6.2	0.2	0.4
撒哈拉以南	6.0	5.5	6.9	6.4	0.1	0.3
中东欧	5.6	6.3	5.7	5.4	0.2	0.1
独联体国家	6.6	7.7	7.6	7.1	0.6	0.7
俄罗斯	6.4	6.7	7.0	6.8	0.6	0.9
除俄罗斯外	6.9	9.7	8.8	7.8	0.5	0.3
亚洲发展中国家	9.2	9.7	9.6	9.1	0.8	0.7
中国	10.4	11.1	11.2	10.5	1.2	1.0
印度	9.0	9.7	9.0	8.4	0.6	0.6
东盟四国	5.1	5.4	5.4	5.7	−0.1	−0.1
中东	5.3	5.7	5.4	5.5	−0.1	—
西半球	4.6	5.5	5.0	4.4	0.1	0.2
巴西	2.9	3.7	4.4	4.2	—	—
墨西哥	2.8	4.8	3.1	3.5	−0.3	—

续表

	当前的预测				与 2007 年 4 月预测的差异	
	2005 年	2006 年	2007 年	2008 年	2007 年	2008 年
按市场汇率计算的世界增长率	3.4	3.9	3.6	3.7	0.2	0.2
世界贸易量（货物与服务）	7.5	9.4	7.1	7.4	0.1	—
主要发达经济体	6.1	7.6	4.6	6.0	-0.1	0.3
其他新兴市场和发展中国家	12.2	15.0	12.8	11.1	0.3	-1.1
其他发达经济体	5.8	8.5	5.5	6.2	—	0.4
其他新兴市场和发展中国家	11.2	11.1	10.7	9.2	0.3	-0.7
石油	41.3	20.5	-0.8	7.8	4.7	1.2
非燃料（按世界初级产品出口权重计算的平均值）	10.3	28.4	14.5	-7.8	10.3	1.0
美元存款	3.8	5.3	5.4	5.3	0.1	0.2
欧元存款	2.2	3.1	3.8	3.7	—	—
日元存款	0.1	0.4	0.8	1.2	-0.1	—

资料来源：IMF《世界经济展望》2007 年第 7 期。

在 2007 年 8 月以前，宏观经济无论在实践还是在理论方面都表现良好，经济学家和政策实践者们认为宏观经济实践是建立在理论指导的基础之上，美国和其他国家采取一系列变化的政策都来源于宏观经济理论的建议。政策制定者越来越多地受到理论的建议。比如增加央行的独立性，采用通货目标弹性和其他规则来指导货币政策制定。

三个重要的学术理论影响了宏观政策的分析：第一个是 Robert Lucas（1976）提出的卢卡斯批评（Lucas critique）；第二个是 Finn Kydland 和 Edward Prescott（1977）提出的政府制定政策时的时间不一致性；第三个是自 1982 年 Finn Kydland 和 Edward Prescott（1982）提出 RBC 模型后的动态随机一般均衡（DSGE）的发展。

卢卡斯提出经济理论的政策含义是在制定政策时要考虑行为人行为的变化，理性预期成为制定政策时政策制定者要考虑的问题。Finn Kydland 和 Edward Prescott 认为政府制定政策是要保证政策时间上的一致性。DSGE 模型为政策制定奠定了较强的微观基础，充分考虑了行为人之间的相互影响，在最优化原则下进行货币政策的选择和使用，充分利用数据来校准和估计参数，建立较为精确的模型，考虑不确定性条件下的外生冲击，来模拟宏观经济变量的变化，同时通过采用不同的政策来比较不同政策下的福利损失来确定最优的货币政策。

从 2007 年 8 月至今的金融危机，不仅重创了全球经济也对经济理论产生了巨大影响，2008 年著名经济学家经济学诺贝尔奖得主 Paul Krugman 在《纽约时报》痛批，认为过去 30 年是宏观经济理论发展的黑暗时代，否定了新古典经济学和新凯恩斯主义取得的进步，认为其发展是错误的，过分地依赖模型、理性和市场有效假定导致未能对金融资产价格崩溃产生的灾难性后果做出预测。呼吁回归传统古典凯恩斯的萧条经济学，要求重视"动物精神"（animal spirit）和行为经济学。当前较为活跃的芝加哥大学宏观经济学教授 John Cochrane 则撰文对 Paul Krugman 进行反驳，批评他近 20 年来对宏观经济学发展的忽视和无知，同时也对资本市场的有效市场理论进行了解释。卢卡斯在《经济学家》杂志上公开支持理性预期学派的学术主张，无法预测金融市场的变化恰恰证明了有效市场理论。

DSGE 模型的发展也受到了人们的责备，认为貌似科学的 DSGE 模型仍然没能阻止危机的发生，代表性家庭、价格黏性理论、垄断竞争模型、HP 滤波、动态随机一般均衡、外生随机冲击、VAR、脉冲等在预测方面仍然无能为力。

在当前货币政策理论分析框架下，中央银行未能对金融危机做出预测和阻止金融危机的爆发。现实困境中的人们对新凯恩斯主义货币政策理论框架提出质疑，引起我们对传统货币政策框架的反思，传统的货币政策框架需要拓展，经济学需要一场革命，尽管有许多工作要做，但改善经济模型，突破完美方程和精确的假设，发展更为实用、更现实的模型，要更加关注金融市场和实际数据是发展货币政策理论应遵循的路径。

近 20 年来，金融市场取得了长足发展，金融市场对经济的促进和破坏作用没有得到充分的重视，金融市场不仅仅是从属于实体经济，和实体经济的关系从紧密相连开始出现较为独立的变化，宏观经济除了关注实体经济以外也应该给予金融市场充分的关注，资产价格的变化没有在通货膨胀缺口和产出缺口中完全显现出来。面对金融市场的变化，要求货币政策当局面对如下问题的考虑：一是在日常情况下，货币政策当局是否需要关注资产价格的变化，同时要致力于金融的稳定；二是当发生金融危机时，如何减少危机的伤害和避免深度发展。

要解决上述问题，货币政策当局就要考虑货币政策目标的选择，在传统货币政策框架下，货币政策当局只考虑通货膨胀缺口和产出缺口，资产价格和金融市场稳定没有作为独立的目标变量进入到货币规则中，仅仅考虑当资产价格变化里含有未来通货膨胀信息时才予以关注，其他情况下采取忽视的方式予以处理。为什么这样处理？传统货币政策理论认为资产价格的变化受到的冲击难以判断，货币政策当局没有充分的信息来判断冲击，对资产价格的反应会对宏观经济造成更大波动。

此次危机给我们的教训就是仅仅盯住通货膨胀缺口和产出缺口没有能够阻止资产价格快速膨胀和破灭，资产价格的急剧变化必然引起金融市场的动荡，金融市场的动荡也必然会对实体经济产生影响，资产价格泡沫破裂给实体经济巨大的打击。危机产生以后，中央银行面对流动性陷阱约束采取直接注入流动性的办法实施定量宽松货币政策，为金融机构和私人部门提供流动性，维持联邦基准利率接近 0 的水平，收购政府发行的债券，增加对金融机构债券的购买，为房地产相关市场提供流动性支持。美联储采取的救市措施超出了传统的货币政策。

资产价格波动冲击对经济造成的巨大影响使得新凯恩斯主义货币政策框架需要进一步的发展和完善，需要将金融市场因素引入到 DSGE 模型里。根据 MM 理论，金融市场的信息应该能够准确和快速地传递到实体经济，然而此次危机改变了这一理论解释，资产价格的变动没有能够快速地传递，说明金融市场存在摩擦，金融摩擦是理解此次危机产生和放大的核心。因此，在 DSGE 模型的构建上，就要考虑金融摩擦的存在对整个经济的影响，通过对金融摩擦的考虑从而将这一因素引入模型，拓展货币政策对经济的传导机制。具体到模型，我们首先考虑在家庭行为方程中引入资产，在代表性家庭效用函数中可以引入资产来丰富家庭效用函数。同时在资源约束时考虑金融摩擦；厂商行为设定上可以考虑资产进入生产函数和金融摩擦对外部融资的约束，同时还可以考虑将金融中介引入到模型中，来更加接近经济事实，通过对资产的引入可以设定金融摩擦对经济影响的机制和路径。考虑微观效用的货币政策目标函数自然会包含金融稳定的目标变量，在此基础之上，根据经济实际和福利损失最小化原则进行目标变量权重的最优化选择。在货币政策工具选择上，考虑不同政策工具对资产价格、通货膨胀缺口、产出缺口的有效性来进行最优化抉择。

附录：

长期债券与联邦基准利率差走势图

数据

日期	SPCS10RSA	PAI	GDP_GAP	I	IB
2000−01−01	101.93	0.0320285	0.0060535	5.85	6.48
2000−04−01	105.96	0.0329025	0.016445	6.53	6.18
2000−07−01	109.09	0.0350467	0.0099262	6.52	5.89
2000−10−01	112.53	0.0336427	0.0098311	6.4	5.57
2001−01−01	116.61	0.0344826	0.0032785	5.31	5.05
2001−04−01	118.98	0.0341297	0.0010162	3.97	5.27
2001−07−01	121	0.027088	−0.007856	3.07	4.98
2001−10−01	123.48	0.0190797	−0.0093827	1.82	4.77
2002−01−01	125.87	0.0122222	−0.0082094	1.73	5.08

续表

日期	SPCS10RSA	PAI	GDP_GAP	I	IB
2002-04-01	130.37	0.0132013	-0.0084906	1.73	5.1
2002-07-01	135.89	0.0164835	-0.0084644	1.75	4.26
2002-10-01	140.98	0.0220264	-0.0138863	1.24	4.01
2003-01-01	145.01	0.0285401	-0.0169799	1.25	3.92
2003-04-01	148.16	0.0206298	-0.0147475	1.22	3.62
2003-07-01	152.59	0.0216216	-0.0031714	1.01	4.23
2003-10-01	159.21	0.018319	-0.0030741	0.98	4.29
2004-01-01	166.62	0.018143	-0.0022847	1	4.02
2004-04-01	175.63	0.0287234	-0.0002511	1.03	4.6
2004-07-01	183.54	0.0275132	0.00209	1.61	4.3
2004-10-01	189.56	0.0338624	-0.0019148	2.16	4.17
2005-01-01	197.87	0.0303983	0.0028513	2.63	4.3
2005-04-01	206.06	0.0299897	0.0030079	3.04	4.16
2005-07-01	212.54	0.038105	0.006293	3.62	4.21
2005-10-01	219.85	0.0368475	0.0035169	4.16	4.49
2006-01-01	225.28	0.0366226	0.0094601	4.59	4.57
2006-04-01	226.44	0.0401606	0.010399	4.99	5.07
2006-07-01	223.61	0.0337302	0.0068578	5.25	4.9
2006-10-01	222.72	0.0197433	0.0052783	5.24	4.63
2007-01-01	222.76	0.0235525	0.0027547	5.26	4.68
2007-04-01	219.22	0.0260618	0.0070668	5.25	4.85
2007-07-01	212.27	0.0230326	0.0140106	4.94	4.73
2007-10-01	204.14	0.0396902	0.0089459	4.24	4.26
2008-01-01	193.14	0.0412272	0.0066796	2.61	3.66
2008-04-01	182.95	0.0442145	0.0093735	2	3.89
2008-07-01	174	0.0534709	0.0038692	1.81	3.86
2008-10-01	164.92	0.0158287	-0.0164972	0.16	3.25
2009-01-01	156.69	0	-0.0359019	0.18	2.74

资料来源：美国圣路易斯分行数据库及作者计算得出。

第三章　最优货币政策的研究综述

研究最优货币政策首先应从货币在经济中的作用开始，事实也是如此，货币是一个比货币政策出现得要早的概念。货币本身是随着环境的发展而发展。货币的内容也随着宏观经济理论的发展而不断地拓展。同时人们对货币的研究也从关注宏观逐渐转向微观基础。

货币经济学对货币的研究自然是从货币经济开始而非物物交换经济。也就是在生产、分配、交换和消费等过程都使用货币，获得的收入无论是劳动者还是资本方都采用货币形式。

在货币的使用和货币职能问题研究上，随着环境的变化，答案也不断变化。大卫·休谟（David Hume）、亚当·斯密（Adam Smith）和大卫·李嘉图（David Ricardo）等首先阐述并发展的交易媒介说，认为对于货币的需求和货币的最重要功能就是交换媒介①。随后欧文·费雪（Irving Fisher）又进一步加以推进和完善，提出了古典货币数量理论。在另一条道路上，凯恩斯进行了探索，凯恩斯更关注货币的财富储藏功能②，弗里德曼也以"货币是购买力的暂时栖息地"的定义来支持货币的财富功能说。随着对微观基础的宏观研究强调，货币的交换媒介又一次回到主流视野中，强调通过货币的使用可以降低交易成本，节约交易费用，实现经济资源的更有效率使用。与此同时，新货币经济学强调货币的记账功能③，从而提出价格稳定问题。

---

① 类似于马克思所论述的交易手段和支付手段。
② 类似于马克思阐述的储藏手段。
③ 类似于马克思强调的价值尺度。

第一节　古典货币理论关于货币政策的描述

古典货币模型是货币理论的核心。货币经济学的模型起源于古典货币模型。货币理论古典分析方法一直从 1790 年持续到 1936 年。关于古典货币理论大都出现在 J. S. 穆勒（Mill）的《经济学原理》中。从 1870 年到 1914 年是古典货币理论的黄金时代，处于统治地位。在此之后，随着环境的变化，经济学家开始对其地位进行挑战。这一挑战从反面进一步证明了其地位，因为后面关于货币理论的研究要么是论证推翻其观点，要么是利用新的手段来重新论证它的观点。例如，和古典货币理论严格对立的凯恩斯货币政策理论，以及帕廷金的货币理论，还有弗里德曼的货币主义理论，新古典理论以及最近的新凯恩斯主义理论都受到古典理论的影响。古典货币理论类似于微观经济学中的完全竞争理论、增长理论中的索罗模型一样，无论你是接受还是反对，都需要了解和掌握，便于你对其他理论进行比较和讨论。古典货币理论就是比较和讨论其他货币理论的基准。

古典货币理论认为，尽管货币是有效的和理想的社会制度，但它对经济长期没有实际影响，货币政策对经济直接和间接的影响仅在短期内有效，从长期来看，货币终究像面纱一样，对实际经济中的商品供求、商品的相对价格以及利率等实际变量只起到中性的作用。

一、古典货币理论模型

在原有的瓦尔拉斯体系中没有货币，属于物物交易经济。现在我们将货币引入瓦尔拉斯体系，将货币作为第 n 种商品引入，此时将物物交易经济变为货币经济，相对价格以货币单位的表述形式出现，商品可以交换货币，购买力可以进行存储。

应用瓦尔拉斯体系，现在将 n 种商品的需求与供给加总：

$$\sum_{i=1}^{n} p_i D_i = \sum_{i=1}^{n} p_i S_i \qquad (3.1)$$

为了考察货币，我们把货币的供给与需求单列出来，上式变为如下形式：

$$\sum_{i=1}^{n-1} p_i D_i + p_n D_n = \sum_{i=1}^{n-1} p_i S_i + p_n S_n \qquad (3.2)$$

式（3.2）中的 D_n 和 S_n 分别表示货币的需求和供给，p_n 表示货币的相对价格。通过对式（3.1）的变形我们可以发现对货币的超额需求为 $p_n(D_n - S_n)$ 等于实体经济中部分商品的超额供给。在物物交易经济中，依据瓦尔拉斯法则和萨伊定律，商品的超额供给（需求）为零。在瓦尔拉斯体系中由于货币的引入，为了使超额的商品供给为零，则需要超额的货币需求为零，只有货币市场均衡时，才能保证实体部分的市场均衡。当货币需求与货币供给相等时，实体部分自动达到均衡，但是当出现货币需求和供给不等时，实体部分也就是商品市场就不会再保持均衡。在货币经济中，实体部分不保持均衡的概率是存在的，因此我们可以得出结论，在货币经济中，萨伊定律并不自动地成立，萨伊定律的形式从恒等式转变为等式，它不再是商品交易的必然结果。货币的存储功能使商品市场存在商品供给过剩的情形。

供给过量这一问题是众多古典经济学家运用萨伊等式在瓦尔拉斯体系中推出的现象。但约翰·穆勒指出，萨伊定律虽然表明一种或多种商品可以出现供给过剩，但是购买者存储货币不会导致所有行业的总供给过量，由于萨伊定律的作用，因存储货币经济出现大萧条的情形不可能出现。穆勒所要表达的是人们拥有货币是为了购买商品，而不是由于它含有内在价值。一旦经济中存在货币，就同时要求在均衡条件下，货币需求的价值总额足够支付购买的商品。即：

$$p_n D_n = \sum_{i=1}^{n-1} p_i S_i \qquad (3.3)$$

同时，经济体也要求货币供给满足支付对商品的需求，也就是要满足交易需求。即：

$$p_n S_n = \sum_{i=1}^{n-1} p_i D_i \qquad (3.4)$$

这就保证在商品经济中，商品的需求、供给和货币三者之间相等。这也就证明了货币只是商品交易的媒介。在瓦尔拉斯体系中，每种超额需求都是相对（货币）价格的函数，形式表示如下：

$$ED_i = f\left[\frac{p_1}{p_n}, \frac{p_2}{p_n}, \frac{p_3}{p_n}, \cdots, \frac{p_{n-1}}{p_n}, \sum_{i=1}^{n} (\frac{p_i}{p_n})S_i\right] - S_i \qquad (3.5)$$

我们发现虽然货币的价格 p_n（绝对价格）进入到超额需求方程，但它只是相对价格的分母，它只是表示所有相对其他商品的相对价格。货币价格（绝对价格）的变化不会导致超额需求体系的变化。

二、古典货币理论关于货币作用的解释

（一）绝对价格的变化研究

绝对价格的古典经济学家是通过货币数量理论来处理的。如洛克的理论一样，假定货币的价值只是由货币数量决定。用公式可以表述为：

$$MV = PQ \qquad (3.6)$$

式（3.6）中，M 表示流通中的货币供给，V 表示货币流通速度，P 表示一般价格水平，Q 表示商品总量。

货币数量论在古典货币理论中处于重要的地位。在洛克（Locke）、坎蒂隆（Cantillon）和休谟（Hume）的文献中我们可以发现他们对货币数量论的论述。货币数量论保持了较好的连续性，无论制度和经济发生怎样变化。作为货币经济学的基础，数量论是古典货币经济学的显著特征之一。该理论阐述了古典货币理论对价格行为和价格与货币余额关系的看法。在这一体系中，货币是中性的，其真实变量维持不变，货币以一种一一对应的形式影响一般价格，货币不过是一层面纱。

（二）古典二分法和货币面纱论

在上述货币经济对货币的描述中，利用瓦尔拉斯超额需求方程来解释经济的基本面，再利用货币数量理论来解释经济中的货币面。将模型一分为二，可以得到两个截然不同的部分，它们能够定义使整个经济达到均衡

时的相对价格体系和绝对价格水平。实体经济可以接受任意由货币数量理
论决定的绝对价格水平,因此,货币被看作披在实体经济表面的面纱,实
体经济可以在任意的绝对价格水平下良好运转。

在对货币影响价格的传导机制论述上,威克赛尔在《利息与价格》
一书中再现了100年前亨利·桑顿(Henry Thornton)提出的直接效应传
导机制,以及50年前约翰·穆勒提出的间接传导机制。

直接效应是指货币存量的变化对需求进而对价格产生直接影响。在经
济中,假如商品数量不变,货币存量增加,那么就会出现过多的货币追逐
同样商品的情形,最终商品的价格上升到和货币存量增加同样的程度。利
用剑桥方程式很容易说明这一情形。剑桥方程式如下:

$$M = kPY \qquad (3.7)$$

我们考察货币存量变化对价格的影响,对式(3.7)变形得到价格受
货币存量影响的方程,遵照习惯,方程右边是因变量,左边为自变量。得
到如下价格决定方程式:

$$P = oM \qquad (3.8)$$

其中,$o = kY$,在这一表达式中 o 为常数,考虑货币存量变动对价格
的影响。对式(3.8)关于 M 求导发现,M 对价格 P 的影响是常数 o,也
就是说货币存量的变化会对商品价格产生直接的同程度的影响。

间接机制是由桑顿在1802年首先提出[①],后被大卫·李嘉图运用,后
来被威克赛尔重新论述。间接效应机制认为,当货币供给增加时,持有人
会把多余的货币存入银行,银行就会增加对外信贷,对外贷款的增加必然
会导致贷款的价格下降。随着额外货币的不断注入,市场利率将会低于自
然利率[②]。从银行借贷获得收益率为自然利率大于归还银行的市场利率,
出现有利可图的情形,于是资本家会加大对贷款的需求,最终导致这两种
利率相等。低利率在刺激信贷市场时,也刺激了商品市场,增加了对商品
的需求,间接提高了价格。市场利率低于自然利率,会持续改变价格,带

---

① 在著作《对大不列颠信用券的本质和影响的调查》中进行了详细的描述。
② 威克赛尔认为自然利率大约等于新创造资本的收益率。

来通货膨胀①。

直接效应和间接效应构成了古典货币效应传导机制，随着金融系统的日趋复杂，传导机制发生巨大变化，但对价格的影响不会变化，货币存量的调整最终引起一般价格水平的同比例调整，货币是中性的。利率是由实际商品部门的自然利率决定的，可以与信贷市场上任意水平下的名义货币供给水平相适应。信贷市场依据自然利率出清，无论货币供给的变化程度如何。利率是一个实际变量，由实际部门决定。

三、古典理论关于利率的理论解释

在古典经济学描述的经济环境里，利率被认为是实际变量，由决定储蓄和投资的实际变量决定。长期内，货币不能够影响利率，货币存量的变化只会引起价格的相对变化。货币在短期内会影响到利率，但利率会很快回归到长期水平，利率的长期水平由资本收益率决定也就是资本的边际产品。长期利率只受到决定生产率（决定投资）和节约（决定储蓄）的实际因素影响。利率决定中的古典理论是可贷资金理论，代表人物有俄林（1937）②、罗伯逊（1937），但其基本原理可以在桑顿 1802 年的著作中发现。

在古典货币理论体系里，货币存量决定绝对价格水平，对于给定实际收入，它还可以决定名义收入水平。绝对价格水平层面，货币政策对古典经济学家来说非常重要。稳定的货币政策是稳定一般物价水平的保证。

但从货币的另一面来看，货币也许并不重要，货币存量的变动并不会影响体系中的实际变量③。上面的论述也说明，均衡利率是不受货币存量影响的。决定利率的是实际投资需求、实际储蓄，古典货币理论将其称为生产率和节俭的力量。在古典货币理论中，货币是决定名义价值的"面纱"，货币政策只能影响名义变量，但对实际变量没有影响。

---

① 威克赛尔将这种机制称为累计过程。
② 他继承了威克赛尔（1898）的思想。
③ 产出、就业和利率的均衡值。

第二节 凯恩斯主义体系关于货币政策的理论研究

一、凯恩斯主义体系诞生的背景

凯恩斯主义经济学是在20世纪30年代"大萧条"经济社会背景下发展起来的。表3-1显示了大萧条的数据[①]。

表3-1 大萧条数据

年 份	1929	1931	1933	1937	1938	1940
实际国民生产总值（GNP）[1]（十亿美元）	101.4	84.3	68.3	103.9	103.7	113.0
消费者价格指数（CPI）[2]	122.5	108.7	92.4	102.7	99.4	100.2
工业生产指数[2]	109	75	69	112	89	126
货币供应量（十亿美元）[3]	46.6	42.7	32.2	45.7	49.3	55.2
出口（十亿美元）	5.24	2.42	1.67	3.35	3.18	4.02
失业率（%）	3.1	16.1	25.2	13.8	16.5	13.9

注：[1] 以1929年美元计算；[2] 以1935~1939年=100；[3] 为M2。

从表3-1显示的数据可以看出此次大萧条对美国经济的危害。失业率从1929年的3.1%到1933年时达到25.2%，此时美国实际国民生产总值降低到谷底的683亿美元，整个30年代失业率都在两位数的水平。同时在凯恩斯生活的英国，高失业率和经济衰退持续贯穿整个30年代。凯恩斯在对关于失业率的讨论中，发展了自己的宏观经济理论。

凯恩斯对动机的简单描述开创了货币政策如何影响实体经济活动中的理论。其理论与之前占据统治地位的古典货币理论并驾齐驱，这些思想在

---

① Source GNP：U. S. Dept of Commerce，National Income and Product Accounts；Mitchell 446，449，451；Money Supply M2.

"二战"之后成为宏观经济学的主流。

凯恩斯丝毫不怀疑货币的重要作用，凯恩斯在《就业、利息和货币通论》里第一次向古典理论提出挑战。凯恩斯认为货币是非中性的，它可以对实际价格产生影响。凯恩斯对古典二分法提出质疑，在该书第十七章，凯恩斯首先提出货币区别于其他资产的特性在于流动性溢价和低持有成本；几乎可以忽略不计的生产弹性；以及可以忽略的替代弹性。

因此凯恩斯认为货币是一项资产，它本身的回报率比较稳定。与其他商品不同，面对经济环境的变化，货币不能迅速做出价格的调整，从而根据收益率进行调整出清。当货币存量发生变化时，其他商品或者资产价格就会相应做出变动，最终市场出清。而作为货币价格的利率却不能迅速调整出清。货币的生产与其他商品不同，其他商品需求增加至少部分会带来价格上升和产量的增加，从而会减少对其他市场的冲击。在金本位制下，对黄金的需求增长不会带来就业和产出的显著增加。凯恩斯对货币的特征描述解释了萧条出现的原因和萨伊定律失效的原因，萨伊定律认为劳动力供给就是对劳动力所生产产品的需求，从而实际供给和实际需求相等。假如没有货币，家庭只能通过积累实际产品进行储蓄和只能通过耗费积累的产品来消费，在这种情形下，对总产出影响很小。但是，在货币经济环境里，通过货币窖藏进行储蓄，通过货币购买进行消费就会产生对劳动需求的减少，（至少暂时）会出现货币供给大于需求的情形。

由于货币替代性几乎为零的特征，因此成为持久失业的根源。大部分资产的替代弹性非零。如果在需求冲击下它们的价格提高，则替代品的流入会遏制资产价格的上升。而对于货币来说这种替代很难发生。

流动性偏好和流动性陷阱是凯恩斯攻击古典理论的主要工具。古典经济政策措施中认为减少实际工资可以消除非自愿失业，凯恩斯认为工资合同依据的是货币工资而非劳动力市场上的实际工资，工人通常会抵制货币工资的消减。实际工资不是由劳动力市场上的名义工资决定，而是由一般物价水平决定。降低一个人的货币工资可以降低一个人的实际工资，但对于总体来讲，降低货币工资，实际工资未必会消减。

古典理论认为不存在影响充分就业的摩擦依赖于接受利率的古典理

论。该理论逻辑是萨伊定律，即供给创造需求，一个人的储蓄行为必然有一个相匹配的投资行为。凯恩斯认为二者之间没有必然的联系。在古典理论中，就业依赖于萨伊定律，萨伊定律依赖于利率，这一利率完全由借贷市场决定，它是储蓄和投资相等的变量。如果利率理论不成立，古典就业理论就不再成立。

凯恩斯认为不是供给产生需求，而是需求产生供给，投资不是储蓄的自变量。凯恩斯将消费倾向作为研究的起点，就会发现就业依赖于投资的规模。投资的规模取决于利率的变化。利率是由货币市场而不是古典理论所说的贷款市场决定，利率被当作人们放弃流动性的回报，人们越偏好流动性，放弃流动性的利率就会越高。流动性偏好会使利率处于过高的水平，从而不一定产生合乎充分就业需要的投资。利率问题使得供给无法自动实现需求。在随后的凯恩斯主义货币理论中，三位诺贝尔经济学奖得主威廉·鲍莫尔（William Baumol）、约翰·希克斯（John R. Hicks）和詹姆斯·托宾（James Tobin）为动机理论①完成了微观基础需求工作。

按照凯恩斯的理论，总需求不足是造成英国和美国高失业率的原因，投资需求不足导致了总需求不足。凯恩斯理论为通过刺激总需求来对抗失业率的经济政策找到了理论支撑。从一般意义讲，凯恩斯主义理论倡导使用财政政策和货币政策来调控总需求。

二、凯恩斯货币理论描述

凯恩斯货币理论认为货币通过利率来影响收入。他指出货币供给的增加会导致利率下降，利率的下降又会刺激总需求和收入的增加。

利率和总需求关系的描述：

$$E_t = C + I_t + G \tag{3.9}$$

$$I_t = I(r_t) \tag{3.10}$$

式（3.9）表示总需求，在这里我们只考虑投资的变化。式（3.10）表示投资是利率的函数，其中 $\frac{\partial I}{\partial r} < 0$，利率的降低会带来投资的提高。假

---

① 凯恩斯认为人们对于货币需求处于三个动机：交易动机、谨慎动机和投机动机。

如在 $t+1$ 期，利率从 r_t 下降到 r_{t+1}，利率下降带来投资从 I_t 上升到 I_{t+1}，投资的上升也会带来总需求从 E_t 上升到 E_{t+1}。

$$\Delta E = E_{t+1} - E_t = I_{t+1} - I_t = \frac{\partial I}{\partial r}(\Delta r) \tag{3.11}$$

总需求变化的大小取决于两部分：一是利率变化的幅度；二是投资对利率的敏感性。

凯恩斯在分析货币量与利率关系时，认为货币量决定了利率水平。在构建利率理论时，他首先假定资产分为货币和债券资产两类[①]。家庭的财富以货币和债券的形式存在，债券会使家庭得到永久性的利息回报。在均衡状态，家庭对于货币持有比例满意同时也意味着它对债券持有比例的满意，即货币市场均衡意味着在债券市场也均衡。货币供给是央行控制的外生变量，均衡利率是影响货币供给和需求决定的。影响货币供给的主要因素是央行的货币政策。影响货币需求的主要原因是三种动机产生的交易需求、谨慎需求和投机需求。货币总需求可以表达为：

$$M^d = L(Y, r) \tag{3.12}$$

其中：Y 为收入，r 为利率。收入增加，货币需求上升；利率上升，货币需求下降。

三、凯恩斯主义货币理论的货币政策

下面我们用 IS-LM 模型来描述货币政策的作用，首先我们先写出基本模型形式：

IS 曲线 $$Y = \frac{1}{1-b}(a + \bar{I} + G - bT) - \frac{i_1 r}{1-b} \tag{3.13}$$

LM 曲线 $$r = \frac{c_0}{c_2} - \frac{M^s}{c_2} + \frac{c_1 Y}{c_2} \tag{3.14}$$

我们从上面 IS-LM 模型中推出以下关于收入与利率的表达式：

$$Y = \left[\frac{1}{(1-b) + i_1 c_1 / c_2} \right] \times \left[a + \bar{I} + G - bT + \frac{i_1}{c_2}(M^s - c_0) \right] \tag{3.15}$$

---

① 为了分析的便利我们假定非货币资产为债券。

$$r=\Big[\frac{1}{(1-b)+i_1c_1/c_2}\Big]\times\Big[\frac{(1-b)}{c_2}(c_0-M^s)+\frac{c_1}{c_2}(a+\bar{I}+G-bT)\Big] \quad (3.16)$$

利用上述方程组我们可以在改变外生变量时，观察收入和利率的变化。下面我们来观察在 IS-LM 模型中货币政策变化对经济体中的真实变量有什么影响。由式（3.15）我们来观察货币供给变化对收入的影响。

$$\frac{\partial Y}{\partial M^s}=\frac{1}{(1-b)+i_1c_1/c_2}\times\frac{i_1}{c_2}>0$$

化简得：

$$\frac{\partial Y}{\partial M^s}=\frac{i_1}{(1-b)c_2+i_1c_1} \quad (3.17)$$

从式（3.17）可以看出货币供给的增加会引起均衡收入的上升。货币政策有效性的考察，我们从式（3.17）知道政策变量的变化可以带来实际变量的调整。接着我们来考察货币政策乘数和曲线斜率之间的关系。

由式（3.13）我们可以得到 IS 曲线的斜率为：

$$\beta_{IS}=-\frac{1-b}{i_1} \quad (3.18)$$

我们发现 IS 曲线的斜率和用来衡量投资需求敏感程度的利率弹性 i_1 有关。i_1 越大，投资需求对利率越敏感，IS 曲线也越平坦。反之则比较陡峭。

我们观察货币政策效果与利率弹性 i_1 的关系，当利率弹性 i_1 变小时观察式（3.17），等式右边的分子同比例变小，分母中的部分变小，因此表达式的值变小[①]，货币政策效果变差。当投资对利率毫不敏感时，即出现极端情况 $i_1=0$ 时，我们可以发现表达式的值等于零，此时货币政策完全无效。

由式（3.14）我们得到关于 LM 曲线的斜率：

$$\beta_{LM}=\frac{c_1}{c_2} \quad (3.19)$$

_____

① 为了更加清楚地表明我们对表达式（2.17）变形为：$\frac{\partial Y}{\partial M^s}=\frac{1}{(1-b)\ c_2/i_1+c_1}$。当 i_1 变小时，分母就会变大，表达式值就会变小。

从式（3.19）我们可以发现 LM 曲线的斜率主要取决于分母 c_2[①]，c_2 是用来衡量货币需求的利率弹性。当 c_2 变大时意味着货币需求对利率敏感性增加，LM 向右下方转动，开始变得平坦，反之则向左上方转动，变得陡峭。当 c_2 变小，意味着货币需求对利率敏感性下降，观察式（3.17）表达式的值开始变大。c_2 越小，意味着货币需求对利率越不敏感，β_{LM} 变大，货币政策越有效。当出现极端情形，货币需求对利率毫不敏感时，$c_2 = 0$，此时 LM 曲线垂直，货币政策效果最大。

四、凯恩斯主义和古典主义对货币政策结论的比较

古典主义认为经济存在自我恢复的功能，如果政府不干预经济，经济会自动达到充分就业的均衡状态。古典主义强调政府的不干预，不支持用积极的货币政策来稳定经济。影响总需求的政策对产出和就业没有帮助，因为产出和就业是由供给决定的。

凯恩斯主义指出由于总需求的不稳定，尤其是私人投资需求的波动性，导致经济也是不稳定的。需求确实影响产出和就业，总需求的波动在短期内会对就业和产出造成有效冲击。通过积极的货币政策，可以抵消总需求的波动，从而使经济保持平稳运行。

五、早期凯恩斯学派对货币政策的实践

尽管凯恩斯早在 1936 年就建立了分析总体经济活动的理论框架，但是直到 20 世纪 50 年代和 60 年代初期，它的观点和理论结构才被大多数经济学家所接受。尽管今天的凯恩斯学派认为货币对经济活动有着重要的影响，但早期的凯恩斯学派却认为货币政策与总产出的变动毫不相关，既然与产出波动无关，那么货币政策与经济周期也就没有任何联系。在衰退期间货币政策是无效的。早期凯恩斯学派对货币政策忽视的原因来自对实际经济的观察。

在大萧条期间，美国政府国库券已经处于较低的水平。以无风险利率

---

① c_1 表示货币需求和收入之间的关系及收入增长的货币需求弹性。c_1 的值比较稳定。

三个月期的国库券利率为例，它连续较长时期保持在1%以下。早期的凯恩斯学派认为，货币政策发挥作用的机制是，通过对名义利率的调整，进而对投资支出产生影响，通过投资的变化来使总需求扩张或收缩，达到调控宏观经济的目的。在大萧条时期的低利率表明货币政策已经相当宽松了，低利率是鼓励投资的，不可能收缩经济，但是这一时期美国经济出现的严重紧缩不能用货币政策来给予解释。货币供给的变动不会影响总产出，也就是说，货币政策不需要考虑。与此同时，研究还发现，名义利率和投资支出二者之间没有相关性。早期的凯恩斯学派把这种联系看作是货币供应变动影响总需求的途径，既然实际情况是这种联系比较弱，那么货币供应的变动对总产出没有影响。对工商业者的调查结果表明，他们对新增投资的决策不受利率的影响。这进一步证实利率和投资的关系是不显著的。实证的结果导致一直到60年代中期，货币政策未能被经济学家和政府重视。

早期凯恩斯学派忽视货币政策也可以从IS-LM模型中得以解释。我们以IS曲线和LM曲线的斜率经验性判断为基础来解释忽视货币政策的原因。在模型中，货币政策的有效性依赖于曲线的斜率。在大萧条时期，LM的曲线几乎是水平的，而此时的IS曲线非常陡峭。原因是此时的经济是处于低利率和低收入情形。在这种情形下，货币需求的利率弹性会非常高，接近于流动性陷阱状态，LM曲线变成水平，同时，投资的利率弹性变得很小，使得IS曲线变得陡峭。大萧条阶段设备利用率很低，存在大量过剩资本，投资对利率变化几乎没有反应。在这一情形下，货币供给的增加只能是利率增加极少，利率的变化也不会使得投资大幅增加。货币需求的高利率弹性和投资的低利率弹性，使得货币政策无效。

第三节　货币主义和新古典主义经济学的货币政策理论

弗里德曼和凯恩斯主义者都认为发生在20世纪30年代的危机引发了

对包括货币数量理论在内的一些经典理论的争论。但是，弗里德曼认为凯恩斯对大萧条的解读值得商榷。

表 3-2　1929~1933 年的部分宏观变量特征

单位：亿美元

	名义 GNP（P×y）	实际 GNP（Y）（1982 年美元）	M_1	M_2
1929 年	103.9	708.6	26.4	46.2
1933 年	56.0	498.5	19.4	30.8
下降百分比（%）	46.0	29.6	26.5	33.3

从表 3-2 里，我们比较大萧条初期（1929 年）和经济谷底（1933 年）的宏观经济变量。我们可以观察到名义 GNP 下降 46.0%，实际 GNP 下降 29.6%。名义 GNP 下降的 16.4% 是由价格总水平降低造成的。第四列的狭义货币供给 M_1 下降了 26.5%，广义货币供应量 M_2 下降了 33.3%。因此我们可以看出大萧条中货币供应有大幅度下降，这符合货币数量论。

一、货币主义的新货币需求方程

弗里德曼认为货币需求是稳定的，货币需求的利率弹性不是出于流动性陷阱的很大而是很小。货币数量不是无关紧要，而是对经济活动水平产生重大影响。弗里德曼重述了数量论，提出了新的货币需求方程，表示为[①]：

$$M^d = L(P, Y, r_B, r_E, r_D) \qquad (3.20)$$

其中，P 为价格水平，Y 为实际收入，r_B 为债券名义收益率，r_E 为证券的名义收益率，r_D 为耐用品的收益率。

弗里德曼认为货币需求受到价格水平、实际收入、债券名义收益率、债券的名义收益率以及耐用品的收益率因素的影响。

将货币需求方程（3.20）以剑桥方程式的形式表述：

---

① 对弗里德曼等式的简化。

· 56 ·

$$M^d = k(r_B, r_E, r_D)PY \tag{3.21}$$

其中，k 不是常数，它是资产收益率的函数，这些资产是对持有货币的替代。当这些资产的收益提高时，会导致 k 变小，家庭对替代资产需求上升。

弗里德曼认为：货币需求函数是稳定的；在经济活动水平中货币需求函数起着重要作用；货币数量受到货币供给量的影响。

货币主义者提出货币量是影响名义收入变化的主要因素，从短期来看也是实际收入变化的主要因素。由此得出货币供给稳定才会保证收入增长的稳定。弗里德曼认识到过去的大部分收入增长的不稳定都来源于货币增长的不稳定。由此货币主义者提出货币政策应该由规则来决定，而不是由政策制定者相机抉择。例如，央行可以承诺并实现 M_1 年均增长 5% 的目标增长。货币主义者认为名义增长也会接近 5%，如果实际收入增长 3%，则价格水平以 2% 的速度上升。这里的 5% 比较关键，一旦选定，弗里德曼强调要求保持固定。

货币主义者在货币政策上认为货币政策很重要，能对经济活动水平产生重要影响。货币主义者主张不干预立场，赞成一种稳定的货币规则，为稳定的私人部门提供有效的运转环境。

二、货币主义关于货币政策、产出和通货膨胀之间关系的解释

货币主义者认为货币供给的变化在短期内是实际收入和失业变化的主要原因，但是在长期，货币供给的变化只具有名义效应，货币只会使价格水平和其他名义变量发生变动，在长期决定实际变量的力量是实际因素，而非货币因素。弗里德曼提出了自然失业率和产出率概念[1]。弗里德曼认为货币供给的变化只会使总需求短时间偏离自然律。假设在一定时期里，政府实行积极的货币政策，该政策在短期会推动产出超过潜在产出即自然产出，实际失业率低于自然失业率。但是不断增加的需求会导致价格上

---

[1]　根据自然率原理，一个经济体存在由生产要素的供给、相应的技术和制度决定的实际产出和失业率。

升，在长期价格将会完全调整，最终货币政策只会影响价格而不会对产出和失业率产生影响。下面我们具体描述短期货币政策和长期货币政策。

（一）短期货币政策

期初经济处于均衡状态即经济体中的失业率为自然失业率，产出率为潜在产出率。我们假定此时货币的供给增长率等于实际经济增长率也即等于经济潜在增长率。我们给定经济体中自然失业率 $u = 6\%$，潜在产出增长率为 $\bar{y} = 3\%$，货币供给增长率为 $\nu_0 = 3\%$。此时通货膨胀率为 $\pi_0 = 0$。现在假定政府提高货币供给，使货币供给增长率从 3% 上升到 5%，这时，经济体中的经济主体一直预期价格是稳定不变的，即通货膨胀率 $\pi = 0$。最初面对名义总需求增加，扩张生产者会提高实际产出来满足名义总需求的扩张。假定就业率与经济增长率一一对应，实际产出增长变为 5%，实际失业率下降至 4%，通货膨胀率依然为零①。货币供给的变化会带来实际变量的变化。短期内货币政策产生实际效应。

（二）长期货币政策

在长期内，由于实际产出不可能长时间超出潜在产出，最终多余的需求转化为价格的上升，实际产出将回到均衡时的 3%，多余的货币供给转化为物价水平的上升，失业率也从 4% 上升到 6% 的自然失业率状态。货币供给增长率从 3% 上升到 5% 带来的只是物价水平的上升。通货膨胀率不再是 $\pi_0 = 0$，变为 $\pi_1 = 2\%$。如果政府对 6% 的失业率不满意，那么就会再一次提高货币供给率，假如从 5% 提高到 7%，我们可以想象，在短期内，由于人们对物价水平的预期为 2%，在此基础上，短期内积极的货币政策会带来实际产出的增加，失业率再一次降至 4%，一段时间之后，经济体将再一次回到均衡状态，失业率依然为 4%，产出增长率依然为 3%，不同的是通货膨胀率从 2% 上升到 4%，货币供给增加的效应完全体现在物价水平的上升。

货币主义者认为扩张性的货币政策只能暂时使实际失业率低于自然失业率，经济增长率暂时超过潜在增长率。通货膨胀和失业之间在短期存在

---

① 事实上短期存在通货膨胀和失业率的取舍。

取舍关系。在长期内，货币供给的变化只会带来价格水平和名义变量的变化，实际的变量取决于实际的因素，诸如技术、生产要素投入和具体的经济制度。

三、货币主义对货币政策的实践

货币主义者通过对短期货币政策和长期货币政策的描述，强调了不干预主义的货币政策主张。自然失业率原理说明政策制定者不能盯住失业率与任意的目标水平，试图通过总需求扩张将实际失业率降低至自然失业率以下的行为只会在短期成功。失业率最终的回归只会是扩张性货币政策带来更高的通货膨胀率。货币主义者利用凯恩斯主义政策的实施带来经济后果证明其理论。在整个 60 年代凯恩斯主义在政策方面达到了最大影响（见表 3-3）。

表 3-3　1961~1971 年美国失业率、通货膨胀率和货币增长率

单位:%

年份	失业率[1]	通货膨胀率[2]	货币增长率[3]
1961	6.7	0.7	2.1
1962	5.5	1.2	2.2
1963	5.7	1.6	2.9
1964	5.2	1.2	4.0
1965	4.5	1.9	4.2
1966	3.8	3.4	4.7
1967	3.8	3.0	3.9
1968	3.6	4.7	7.2
1969	3.5	6.1	6.1
1970	4.9	5.5	3.8
1971	5.9	3.4	6.7

注：[1] 为居民失业率；[2] 为 CPI；[3] 为 M_1。

我们观察，失业率从 1961 年的高失业率 6.7%降至 1969 年的 3.5%，是实施扩张性货币政策的结果，我们从第 4 列看到货币增长率从 1961 年

的 2.1%上升到 1969 年的 6.1%。随着时间的变化，货币政策的实际效果开始衰减，实际失业率开始上升，从 1969 年的 3.5%开始上升至 1970 年的 4.9%，很快随后的一年攀升至 5.9%。货币政策实施的结果是：1963 年 5.7%的失业率对应 1.6%的通货膨胀率和 2.9%的货币增长率；到 1971 年，5.9%的失业率对应着 3.4%的通货膨胀率和 6.7%的货币增长率。这再次验证了货币政策短期有效和长期无效的结论。

四、新古典主义经济学对货币政策无效的解释

新古典经济学是在 20 世纪 70 年代"双高"① 的滞涨经济背景下和凯恩斯经济学陷入困境背景下开始出现，由于对正统凯恩斯学说对经济事实的解释不满，新古典经济学对凯恩斯主义的关于私人企业经济需要、能够通过政府的需求管理政策达到稳定的观点提出质疑，新古典经济学家提出了和货币主义类似的非干预政策主张②：产业和结业等实际变量的稳定不能通过需求管理实现。比货币主义更进一步，新古典经济学认为总需求管理政策无论在短期还是在长期都不能产生实际效应，换句话说就是实际经济变量对总需求政策不敏感，总需求调整对实际经济变量的影响为零。系统性的货币政策不会影响实际产出和失业。新古典经济学认为无论短期还是长期，货币政策均无效。

新古典经济学对货币政策无效给出如下解释：经济环境中的参与主体会形成理性预期，使参与人不会产生系统性错误。根据理性预期假定，当政府采取积极货币政策，货币供给的变化使得参与主体可以察觉需求变化对价格的影响，不会出现系统性错误。每一个行为决策者都能正确地使用可获得的信息，知道所观察的变量如何影响所要预测的变量变化。在理性预期条件下，行为人不仅使用过去信息，还会使用所有在本期掌握的对价格变化产生影响的所有信息。参与人会充分考虑可以预料到的政府政策行为，根据预期的政府政策行为进行经济决策。

---

① 高通货膨胀率和高失业率。

② Robert Lucas（1980），"Rule, Discretion and the Role of Economic Advisor", in Santley Fischer, eds., Rationl Expectations and Economic Policy, Chicago：University of Chicago Press, p. 259.

经济参与主体不仅能利用可获得的所有相关信息，还可以正确地评价这些信息对宏观变量未来的影响。我们来考虑在讲述货币主义者政策变化时所举的案例。在一个经济体中，期初经济处于均衡状态，实际失业率等于自然失业率为 $u=6\%$，实际产出增长率等于潜在产出增长率为 $\bar{y}=3\%$，货币供给增长率为 $\nu_0=3\%$，通货膨胀率为 $\pi_0=0$。此时，政府对 6% 的失业率不满，认为 4% 是合理的，则会试图利用积极的货币政策来扩大总需求的方式来降低失业率至 4%，在第一期，政府提高货币供给率为 5%，来影响实际变量，由于经济主体没有预料到政府货币政策的改变，实际失业率会从 6% 降低至 4%，未预料到货币政策具有实际效果，当失业率回归到 6% 时，通货膨胀率变为 2%，此时失业率的上升使决策主体预料到政府的货币政策会进一步扩张至 7% 来降低实际失业率，当货币政策将货币供给真的提高为 7%，政府的货币政策行为完全被行为人预料到时，7% 货币增长率只会带来通货膨胀率上升至 4% 的价格效应，实际失业率依然为 6% 保持不变，经济增长率依然维持在 3%。预期到的货币政策没有实际效应。如果政府把货币供给增速不是提升至 7% 而是 9%，则未预料到的 2% 增速会带来实际效应，会使得失业率降至 4%，实际产出增长率上升为 5%，但是随着信息快速被经济主体掌握，失业率会很快回归至 6%，经济增长率也会恢复到 3% 的水平。但是会带来 6% 的加速通货膨胀率。

五、新古典经济学的货币政策主张

我们发现在理性预期下，预料到货币政策不会影响产出和就业，只会影响名义变量，无论是长期还是短期。实际变量不受政府货币政策系统性变化的影响。新古典经济学的政策立场是坚定的不干预主义，为货币增长或通货膨胀设立目标的政策规则能减少未能预料的货币政策变化。货币政策变化不具有稳定经济的作用，并且会增加经济主体系统性错误风险，给经济增长和就业带来波动。

新古典经济学对凯恩斯主义发起了挑战，就如早期凯恩斯对古典主义经济学一样。在理论层面，对凯恩斯模型的合理性提出质疑，认为其缺乏坚定的微观基础，没有建立在个体最优化行为基础之上。比如产出和就业等实际变量对总需求系统性的、可预料到的变化独立不相关。这种引起总需求变化的货币政策无效。试图稳定就业和产出的货币政策包含了总需求系统性可预料到的变化,货币政策无效。新古典经济学得到不干预的政策结论。

第四节　实际经济周期和新凯恩斯主义经济学对货币政策的主张

关于新古典经济学和凯恩斯主义的争论推动了宏观经济学的发展:实际经济周期理论和新凯恩斯主义。

一、实际经济周期的货币政策主张

实际经济周期理论深深地植根于古典传统,是新古典经济学发展的产物,被称为第二代新古典模型。新古典经济学强调宏观经济模型要具备经济主体最优化决策和市场出清两项特征。实际经济周期理论不仅继承微观基础特征,经济主体最优化决策,而且还在市场出清的基础之上认为经济周期也是一种均衡现象。他们[①]认为经济周期的波动来源于私人经济中实际机会的变化。导致这种变化的因素为技术冲击、环境条件变化。产出波动还可以由个人偏好的变化引起。与新古典经济学相比,实际经济周期理论认为供给方的因素变化会对实际产出和就业产生影响。无论是短期还是长期,供给方面的因素变化都会引起实际变量的波动。实际供给因素的变动决定了短期内产出和就业的不稳定。

(一) 基本的实际经济周期模型

假定这样一个经济环境,该经济有数目众多的企业和家庭组成,市场

---

① Robert G. King and Charles Plosser (1984), "Money, Credit and Prices in Real Business Cycle Model", American Economic Review, (74): 363.

处于完全竞争状态，企业和家庭是价格的接受者。家庭无限期存活，企业生产采用柯布道—格拉斯形式，投入要素为资本 K，劳动 L 和技术 A。

代表性家庭：

$$U = \sum_{t=0}^{\infty} \beta^{-\rho t} u(c_t, 1-l_t) \tag{3.22}$$

企业归家庭所有，则家庭资源约束为：

$$y_t = c_t + i_t \tag{3.23}$$

其中，$u(\cdot)$ 代表家庭的当期效用函数，β 是贴现率。在家庭效用函数里有两个自变量，消费和闲暇时间。为简单起见，我们把时间标准化为1，减去劳动时间 l_t。这里我们认为家庭是同质的。具体形式如下：

$$u_t = \ln c_t + b\ln(1-l_t) \tag{3.24}$$

b 取值为正。

代表性企业：

企业投入资本和劳动来进行生产，生产函数为柯布—道格拉斯形式，产出为：

$$Y = K_t^{\alpha} (A_t L_t)^{1-\alpha} \tag{3.25}$$

其中，$0<\alpha<1$。产出在消费，投资之间分配。每期资本折旧率为 δ。于是下期资本存量为：

$$K_{t+1} = I_t + (1-\delta)K_t \tag{3.26}$$

劳动和工资的回报等于各自的边际产品，实际工资和实际资本回报率为：

$$w_t = (1-\alpha)\left(\frac{K_t}{A_t L_t}\right)^{\alpha} A_t \tag{3.27}$$

$$r_t = \alpha\left(\frac{A_t L_t}{K_t}\right)^{1-\alpha} - \delta \tag{3.28}$$

模型最后考虑外生的供给冲击为技术冲击。我们讨论技术的性质，在没有冲击时，为了体现趋势性增长，技术变化的路径为：$\ln(A_t) = \overline{A} + gt$，其中，$g$ 为技术的进步率。在考虑技术会受到随机冲击时，也就是说技术由于实际原因会受到冲击发生波动，因此技术变化路径转化为如下形式：

$$\ln(A_t) = \overline{A} + gt + \widetilde{A}_t \qquad (3.29)$$

其中 $\widetilde{A}$ 为随机冲击, 其形式假定为服从一个一阶自回归过程即所谓的 AR(1) 过程, 具体形式为:

$$\widetilde{A}_t = \rho_A \widetilde{A}_{t-1} + \varepsilon_{A,t} \qquad (3.30)$$

其中, $-1 < \rho_A < 1$, $\varepsilon_{A,t}$ 是白噪声扰动即均值为零的独立不相关冲击。ρ_A 为正时意味着对技术的冲击随着时间逐渐消失。以上就是对实际经济周期的基本模型描述。

（二）技术正面冲击的效应

假定在给定时间存在对技术有利的正面冲击。首先，考虑冲击比较短暂，仅仅持续一期，有利的技术冲击会带来要素投入不变的情形下产出的增加，对于产出的增加，家庭会考虑对增加部分的分配，一部分消费，另一部分进行投资，虽然冲击只有一期，但带来的产出变动将会持续一段时期，原因是持续的资本投入增加，但是产出增加的幅度是一个递减的过程。其次，我们考虑技术冲击影响持续数期的情形，实际根据式（3.30）技术的影响确实影响几个时期。当家庭知道技术的影响较为持久时，由于生产率的提高，家庭的努力程度就会下降，家庭的效用函数就会产生变化，最终多重实际的变化叠加在一起就会出现产出、资本存量、投资、就业的持续多期的变动。实际经济周期理论认为经济主体对经济环境条件的变化会产生持续动态的反应，这种持续动态调整就会带来实际经济变量持续的变化和波动，经济活动水平就会呈现出周期性的变化。

（三）实际经济周期模型的货币政策

在实际经济周期模型中，经济波动来源于经济主体对经济环境变化的持续动态反应。这些反应是建立在微观基础之上的变化，是一种最优化决策行为的结果。当政府利用需求管理政策来消除波动时，这样做的结果只能是次优选择。实际经济周期理论强调是实际因素而非货币因素导致了经济波动，货币的作用是决定价格，货币量的变化只会带来价格——对应的变化，实际产出和就业不做任何变动。实际经济周期理论强调货币政策重点在于控制价格水平。合理的货币政策是货币供给缓慢而稳健的增长，从而稳定价格水平，保持低通货膨胀率。不存在稳定经济的积极货币政策。货币政策不影响产出和就业，即使有影响也只是次优选择。

实际经济周期坚持认为，经济周期是一种均衡现象，产出和就业的波动是经济主体对外部冲击产生的最优反应，试图预防和消除波动的政策没有必要，甚至是有害的。经济周期是实际供给方面变化的结果。

二、新凯恩斯主义模型的货币政策主张

新凯恩斯主义经济学遵循凯恩斯主义的传统，一直在寻找非自愿失业的补充解释。这些研究成果得出的模型被称为新凯恩斯主义模型。这些新的研究部分是回应新古典经济学对早期凯恩斯主义模型的批评。新古典经济学颇具说服力地指出凯恩斯经济学的欠缺，宏观经济学应该建立在坚固的微观基础之上。新凯恩斯主义者主要任务是改善凯恩斯体系中的微观基础[1]。新凯恩斯主义研究文献中我们可以发现具有如下特征。在新凯恩斯主义模型中，产品市场被假定为具有某种形式的不完全竞争。这一假定与早期的凯恩斯模型完全竞争的假定形式形成了明显的区别。除了考虑传统的名义刚性——货币工资刚性以外，新凯恩斯还考虑到产品价格的刚性。除了考虑引起名义变量的刚性因素外，还考虑引入实际的刚性因素。

新凯恩斯主义黏性价格模型[2]的重要特征是厂商未必是完全竞争者。我们知道，在完全竞争市场，厂商是价格的接受者，当需求下降导致市场价格下降，那么厂商只能降价至市场价格才能销售，反之则不可能有商品售出，价格不存在黏性。但是在非完全竞争条件下，厂商对价格具有一定的影响力，当总体需求降低时，厂商保持价格不变不会丧失全部顾

①　对于新凯恩斯主义文献研究可以参考：Robert J. Gordon (1990), "What is New Keynesian Economics?", Journal of Economic Literature, (28)：1115-1171；David Romer (1993), "The New Keynesian Synthesis", Journal of Economic Perpectives, (7)：5-22；John B. Taylor (1999), "Staggered Price and Wage Setting in Macroeconomics", in John B. Taylor and Michael Woodford, Handbook of Macroeconomics, Amsterdam：North Holland：1009-1050.

②　黏性价格模型具体参见：N. Gregory Mankiw (1985), "Small Menu Cost and Large Business Cycles：A Macroeconomic Model of Monopoly", Quarterly Journal of Economics, (100)：529-538.

客，只会有部分流失。需求下降，根据最优化原理，利润最大化时依然要求企业将价格降低。尽管价格降低会带来利润下降，但是仍有利润存在，为什么厂商拒绝降价？价格呈现黏性的原因一定是价格变动的成本大于价格变动的收益。这种变动成本就是菜单成本。菜单成本的存在使得价格具有黏性。

实际的刚性除了来源于菜单成本，还存在许多潜在的决定边际成本与边际收益周期性行为的因素。价格调整存在的小摩擦会导致较大的名义刚性。在数量上一个重要要素的投入存在价格黏性时，会使厂商面临不变的投入成本（Basu，1995）。在资本市场上存在的金融摩擦，在萧条阶段具有金融加速器效应（Bernanke and Gertler，1989）。

新凯恩主义经济理论依然保持凯恩斯主义的传统，认为经济体中的大多数失业是非自愿的，可以回想一下我们前面的举例，新凯恩斯主义认为即使存在自然失业率也应该是极低的。衰退期间产出下滑和失业率上升存在比较大的社会成本。新凯恩斯主义经济理论致力于为凯恩斯主义模型寻找微观基础而不是修改它的假设条件。因此，新凯恩斯主义的货币政策理论主张依然是积极实施总需求管理，消除经济中的波动，货币政策对于稳定经济具有非常重要的作用。

三、结论与启示

鉴于实际经济周期、货币主义和新古典理论都源于古典理论，这些现代理论都与古典理论的不干预货币政策主张保持一致。与之相对应的凯恩斯主义者，无论是早期还是新凯恩斯主义者都支持干预货币政策，赞成政府实施积极的货币政策来管理总需求达到稳定实际变量的目的。

在古典体系中，经济体自身会自动调整到自然均衡状态，就业会恢复到由供给决定的充分就业状态，用总需求政策来稳定经济是错误的。实际经济周期理论更进一步，产出和就业的波动是经济参与主体对外部经济环境变化的最优反应结果。在新古典经济学里，只有未能预料到的货币政策才会在短期对实际经济产生影响。但是系统性变化的货币政策可以被行为主体预料到，因此也不会影响到实际变量。新古典经济学同样认为总需求政策稳定政策无效，不要试图采用货币政策干预经济运转。货币主义者认为无论是预料到的还是未预料到的货币政策行为在短期内都会影响产出和就业。同样他们坚持不干预的货币政策主张。货币主义者认为如果没有政府政策行为的干预，私人部门运行是稳定的。总需求是货币供给决定的，稳定总需求的最优路径是保持货币供给的稳定增长。

与上述不干预政策主张不同，凯恩斯主义的主张是实施积极的干预政策。凯恩斯主义者认为没有政府的积极干预，私人部门经济是不稳定的。只有实施积极的货币政策才能抵消对私人总需求的冲击，只有这样才能稳定经济。

第五节　关于最优货币政策的研究

一、基于通货膨胀偏差的最优货币政策问题的提出

进入 20 世纪 70 年代，美国对失业率和经济增长的不满，利用积极的货币政策来试图降低失业率，这种随意性货币政策通过制造通货膨胀偏差的方式短期内提高了经济增长，同时也带来了平均通货膨胀率越来越高。如图 3-1 所示，我们看出在 60 年代美国的通货膨胀率处于较低的水平，随着政府对高达 6.7% 失业率的不满，开始采取积极的货币政策来降低失业率，这种随意性货币政策的实施，最终导致了 70 年代较高的年平均通货膨胀率。

面对高通货膨胀率的现实，大批探讨随意性货币政策下通货膨胀偏差解决办法的文献开始出现①。

货币政策应该是以促进总需求稳定增长的方式来执行。货币政策当局应该防止需求过快增长从而避免出现过快价格上涨，同时还要防止避免经

---

① 这批文献被 Persson 和 Tabellini 收集在（1994a）的文集中。

图 3-1　1961~1981 年美国通货膨胀率走势

济增长下滑带来的高失业率。但是，在什么样的过程中有可能出现满意的结果？应该用什么样的策略来指导货币政策？

二、通货膨胀偏差的理论解释

总需求稳定既受到当前货币政策的影响也受预期未来货币政策行为的影响。如果货币政策是货币政策当局按照一定的规则来执行的，经济主体就可以利用规则来确定未来政策行为的理性预期。这样，我们可以规定中央银行的货币政策目标，然后确定货币规则的参数，来使得目标函数的预期值处于最优化，从而找出最优的货币规则。

但是，中央银行（以下简称央行）不一定按照这种规则执行货币政策，原因是当央行发现私人部门基于央行遵守规则而做出相应的行为承诺时，此时央行改变原先的承诺不按照规则行事时反而是一种最优的行为。私人部门预期央行按规则执行货币政策来商定实际部门的价格，但是一旦价格固定，央行就有偏离规则的动机。例如，如果按照规则，货币供给增速应该为 3%，此时私人部门就会按照 3% 的货币增速预期通货膨胀率为 0 来确定商品的价格，均衡时商品价格保持不变，产出和就业就会保持稳定不变；央行如果认为此时的产出增长率偏低和失业偏高，就会产生提高货币供给来增加产出从而降低失业率的动机，因为相比原有的货币政策规则，改变货币政策规则能够获得更高的产出和就业，同时又能保持价格的稳定。我们发现动机和规则是不相容的。央行在第 t 期基于 t 期所拥有的充分信息做出第 $t+i$ 期的最优政策计划措施，而到第$t+i$时如果发现此时的措施仍是最优时，就会执行该项措施，就说明政策具有前后一致性和保持时间的一致性。但是实际情况是政府选择遵循的最优政策在不同时期可能保持不一致。尤其是，当政府今天发布政策公告，私人部门相信并在此基础上进行行为决策，这种决策行为可以改变政府明天面对的经济环境条件，从而会使政府得到新的最优货币政策。政府重新做出的最优货币政策即使偏离了上期的公告也是不得不接受的，因为这种改变带来了整个社会的帕累托改进。但是，这种政策的随意性也带来了负面影响。由于政府可以自由地改变工具的设置，会造成一个通货膨胀偏差；均衡通货膨胀率高于社会需要的水平。造成这一后果的根本原因是政府追求突破经济体均衡产出水平的经济扩张，同时无法保证对低通货膨胀率做出可信的保证。

我们利用 Barro 和 Gordon（1983b）的模型来解释通货偏差问题。我们确定央行的政策目标，我们知道要想了解货币政策选择，就需要先确定央行的偏好，标准做法就是假设央行的目标函数 $U=(y, u, \pi)$ 中包含产出，失业和通货膨胀。借鉴 Barro 和 Gordon（1983b）的设定，我们把央行的政策目标设定为如下预期值最大化：

$$U_t = \lambda(y_t - y^*) - \frac{1}{2}\pi_t{}^2 \qquad (3.31)$$

其中，y_t 为实际产出，y^* 为经济体潜在产出，π_t 为通货膨胀率。产出以线性形式进入，边际效用为常数，产出越多越好；对于通货膨胀率，我们认为有边际递增负效用，以二次项形式进入目标函数。参数 λ 表示央行对产出扩张相对于通货膨胀率的重视程度。

私人经济主体的损失函数。在理性预期条件下，私人经济主体的损失函数为：

$$L^P = E(\pi_t - \pi^e)^2$$

我们考虑央行政策对私人经济主体造成的损失，往往是由未预期到通货膨胀带来的，同时这种通货膨胀偏差以边际递增的形式进入损失函数。

若 π^e 为预期通货膨胀率，给定私人对中央央行的决策问题的理解，则私人选择 π^e 是最优选择。

总产出是一个卢卡斯式的总供给函数，形式如下：

$$y_t = y^* + \alpha(\pi_t - \pi^e) + \varepsilon_t \qquad (3.32)$$

选择这一函数形式的理由是我们考虑货币变量对实际经济的影响，同时，私人部门根据价格信息进行经济决策，ε_t 是供给（实际因素）冲击。

通货膨胀变化路径，我们将通货膨胀和政策当局采用的政策工具连接起来，即：

$$\pi_t = \Delta m_t + v_t \qquad (3.33)$$

其中，Δm_t 是货币供给增长率，v_t 是货币流通速度冲击。

私人部门的预期 π^e 是在央行决定货币供给增长率 Δm_t 之前已经确定。央行在决定货币供给增长率 Δm_t 时，将 π^e 视为给定条件。同时还可以观察到 ε_t，说明央行有稳定经济冲击的作用，ε_t 和 v_t 不相关。v_t 只有在确定 Δm_t 之后才能观察到，这一设定告诉我们央行可以通过调整 Δm_t 来对冲供给冲击和流通速度变化中可以被观察和预测部分的冲击。产出和通胀受到流通速度冲击中无法预测部分的冲击。

均衡通货膨胀率。由于央行在观察到 v_t 之前进行货币政策调整，因此其目标是将 U 的预期值最大化，同时央行的预期依赖于 v_t 的分布。将式（3.32）和式（3.33）代入式（3.31）得到如下表达式：

$$U = \lambda \left[\alpha(\Delta m_t + v_t - \pi^e) + \varepsilon_t\right] - \frac{1}{2}(\Delta m_t + v_t)^2$$

在给定 ε_t 和 π^e 条件下，关于货币政策最优化选择 Δm_t 的一阶条件为：

$$\Delta m_t = \alpha\lambda \qquad (3.34)$$

利用这一结果和式（3.32），实际的通货膨胀就等于 $\alpha\lambda + v_t$。由于私人经济主体了解央行的动机，因此会根据式（3.33）来形成自己的预期。由于私人经济主体是在观察到 v_t 之前形成的通货膨胀预期，因此通货膨胀预期为：

$$\pi^e = E(\Delta m) = \alpha\lambda$$

可以发现，平均通货膨胀是完全被预料到的。

当央行可以随意地制定 Δm 时，在均衡状态会出现 $\alpha\lambda$ 的正的通货膨胀率。由于私人部门完全预料到这一通货膨胀率，因此产出没有任何变化，只是要面对正的平均通货膨胀率。这一通货膨胀偏差的大小依赖于通货膨胀意外对产出的弹性 α 递增。观察式（3.32）我们就会明白，参数 α 就是通货膨胀意外对产出带来的边际收益，参数 α 越大，就意味着边际收益越高，央行越有动机制造通货膨胀。参数 λ 表示央行对产出偏好弹性，如果央行对产出偏好较低，那么其制造通货膨胀偏差的动机越小，当其对产出偏好较高时，比如政府喜好经济快速的增长，央行制造通货膨胀的动机就会越加强烈。参数 α 和 λ 的大小决定了平均通货膨胀的大小。

根据随意政策的结果，央行的预期效用为：

$$E[U] = E\left[\lambda(\alpha v_t + \varepsilon_t) - \frac{1}{2}(\alpha\lambda + v_t)^2\right]$$

其中，$E(\varepsilon_t) = 0$，$E(v_t) = 0$。

进一步简化得：

$$E[U] = -\frac{1}{2}(\alpha^2\lambda^2 + \sigma_{vt}^2)$$

其中，σ_{vt}^2 表示流通速度冲击的方差，即通货膨胀控制随机误差的方差。预期效用是误差项和产出偏好弹性的递减函数。

三、基于通货膨胀偏差的最优货币政策

解决的方法是在 Barro 和 Gordon（1983a）框架下，通过提高通货膨胀边际成本的方法来进行解决。具体做法可以分为三类：第一类是把声誉纳入带有重复博弈性的基本框架中；第二类是直接针对央行的偏好；第三类是对央行灵活性的限制。

（一）声誉

通货膨胀偏差是强制央行偏离它公告保持低通货膨胀率货币政策行为付出代价，从而提高通货膨胀对于央行的边际成本。央行如果屈服于当下通货膨胀的诱惑，央行就会丧失维持低通货膨胀率的声誉，于是私人部门

就会提高对未来通货膨胀率的预期，降低央行预期目标函数值。通过对央行丧失声誉的惩罚，提高了通货膨胀的边际成本。Barro（1986），Cukieerman 和 Liviatan（1991），Ball（1995），Briault、Haldane 和 King（1996），Walsh（2000）都对货币政策声誉模型进行了研究。认为只要央行的折现率较小，就存在通货膨胀低于随意性货币政策下均衡水平的均衡状态。只要央行对未来足够的重视，低通货膨胀均衡就会存在。

（二）偏好

解决随意性货币政策下通货膨胀偏差的第二种办法是直接针对央行的偏好。Rogoff（1985b）首先研究央行最优偏好问题，分析了政策决策者赋予通货目标的权重。在目标函数里我们赋予产出偏好的权重为 λ，通货膨胀的偏好标准化为 1。Rogoff 认为应该加大对通货膨胀率偏好使其增加为 $1+\lambda>1$。应该挑选相对保守的人即通货膨胀权重高的人出任决策者。后期的实证研究[①]发现，在发达经济体国家，央行的独立性与平均通货膨胀呈负相关；央行的独立性对通货膨胀的影响不仅在统计上显著，而且在经济上也具有实际意义。

（三）对央行灵活性的限制

随意性政策下出现的通货膨胀偏差问题来源于央行面对激励机制的最优反应，而这一激励机制是错误的。要解决通货膨胀偏差问题，应该改变中央银行的动机。利用委托—代理机制为改变央行动机提供了工具。时间不一致动机的形成受到政策运转所处的制度结构制约。Roggff（1985b）建议通过将央行的预算和遵守规则的记录联系，保证目标规则的实施。Garfinkel 和 Oh（1993）提出通过立法惩处未能实现货币目标的央行来强制其执行目标规则。央行与政府关系的制度层面因素可以看成是一种契约。政府通过与央行签订协议来约束其执行货币政策目标。Walsh（1995a）认为央行设计最优激励机制来确保货币政策执行。可以向决策者提供取决于经济环境条件的报酬合同，来激励其完成货币政策目标。

---

① Bade and Parkin（1984）、Cukierman（1992）和 Eijffinger and de Haan（1996）。

四、货币政策分析的基本模型

近年来，可以用于货币政策分析的模型开始进入货币经济学家的兴趣范围，这些模型有助于我们用于理解货币政策问题和央行常用的实践结合起来。Taylor（1993b），Yun（1996），King 和 Wolman（1996），Fuhere（1997c），McCallum 和 Nelson（1999），Christiano、Eichenbaum 和 Evans（2001）先后发表了用于货币政策分析的文章。

我们仅考虑在封闭条件下的经济模型，基本的模型由四个方程组成。如下：

$$y_t = a_1 y_{t-1} + a_2 y_{t-2} - a_3 r_{t-1} + u_t \qquad (3.35)$$

式（3.35）表示总支出关系式，相当于传统的 IS 函数。其中，y 为产出与均衡时的偏离值，r 是长期债券利率，u 是总需求的随机冲击，它遵循一阶自回归过程：

$$u_t = \rho u_{t-1} + \varepsilon_t$$

式（3.35）含有两期产出滞后项和实际利率的上期值，用来反映支出调整的动态过程，支出取决于上期，体现出货币政策是经利率来影响需求的，取决于上期体现产出对货币政策变化的滞后反应。同时发现对于消费和投资来说，长期债券利率才是重要利率。

长期实际利率由期限结构和当前短期利率和未来短期利率相联系：

$$r_t - D[E_t r_{t+1} - r_t] = i_t^f - E_t \pi_{t+1} \qquad (3.36)$$

其中，D 为麦考利持续期，i_t^f 为联邦基准利率。

通货膨胀调整方程为：

$$\pi_t = \frac{1}{2}(\pi_{t-1} + E_t \pi_{t+1}) + \gamma q_t + \eta_t \qquad (3.37)$$

其中，$\eta_t = -(\pi_t + E_{t-1}\pi_t)$，$q_t$ 取决于过去、现在和预期未来产出。

货币政策规则：

$$i_t^f = b_1 i_{t-1}^f + b_2(\pi_t - \overline{\pi}) + b_3 y_t + b_4(y_t - y_{t-1}) + \omega_t \qquad (3.38)$$

这里可以看出货币政策以联邦基金率充当政策工具，决策者充分考虑通货膨胀缺口、产出缺口以及产出变动趋势。其中 $\overline{\pi}$ 为目标通货膨胀率，

ω_t 表示政策随机冲击。

为了求出模型的解析解，忽略长短期利率之间的差别，经过简化我们可以把模型简化为如下两个方程组成：

$$y_t = a_1 y_{t-1} + a_2 y_{t-2} - a_3(i_{t-1} - E_t \pi_t) + u_t \tag{3.39}$$

$$\pi_t = \pi_{t-1} + \gamma y_t + \eta_t \tag{3.40}$$

可以得出 $t+1$ 期的产出：

$$y_{t+1} = a_1 y_t + a_2 y_{t-1} - a_3(i_t - \pi_t \gamma E_t y_t) + u_{t+1} = \frac{a_1 y_t + a_2 y_{t-1} - a_3(i_t - \pi_t)}{1 - a_3 \gamma} + u_{t+1}$$

令 $\theta_t = \dfrac{a_1 y_t + a_2 y_{t-1} - a_3(i_t - \pi_t)}{1 - a_3 \gamma}$，

央行把其作为政策变量。式（3.39）和式（3.40）简化为：

$$y_{t+1} = \theta_t + u_{t+1} \tag{3.41}$$

$$\pi_{t+1} = \pi_t + \gamma \theta_t + v_{t+1} \tag{3.42}$$

其中，$v_{t+1} = \gamma u_{t+1} + \eta_{t+1}$。

货币政策目标是通过对各个时期 θ_t 进行设定来使预期损失最小化：

$$L = \frac{1}{2} E_t \sum_{i=1}^{\infty} \beta^i (\lambda y_{t+i}^2 + \pi_{t+i}^2) \tag{3.43}$$

$$\text{s.t.} \qquad y_{t+1} = \theta_t + u_{t+1} \tag{3.44}$$

$$\pi_{t+1} = \pi_t + \gamma \theta_t + v_{t+1} \tag{3.45}$$

求解上式最终得到：

$$\theta_t = -\left(\frac{\gamma}{\lambda + \gamma^2}\right)\pi_t + \beta\left(\frac{\gamma}{\lambda + \gamma^2}\right) E_t \theta_{t+1} \tag{3.46}$$

解出 $\theta_t = B\pi_t$，则实际政策工具 i_t 的最优规则是：

$$i_t = \left[1 - \frac{B(1 - a_3 \gamma)}{a_3}\right]\pi_t + \frac{a_1}{a_3} y_t + \frac{a_2}{a_3} y_{t-1}$$

它要求名义利率根据通货膨胀率和产出而进行调整。同时可以根据经济体中的参数，得到具体的政策规则。

在这一模型里我们可以发现，政策可以影响产出和通货膨胀的波动幅度。对于产出围绕自然水平的波动，有效率的货币政策可以使通货膨胀波动幅度达到最小。我们可以通过这一方法确定一个效率边界找到通货膨胀波动和产出波动的集合。依据损失函数中的参数 λ，货币政策当局在这条边界上的位置就可以被确定。

第六节　小　结

本章我们对货币理论和货币政策问题进行了梳理，古典学派坚持非干预主义的货币政策立场，认为私人经济部门是稳定的，利用货币政策干预总需求，最终会导致整个经济的不稳定。货币政策只会对名义变量产生影响，不会对实际变量产生实际效应。政策干预的结果只会导致名义变量的波动。具体到古典经济学，坚持货币面纱论，认为货币只是附在实体经济上的面纱，对实体经济不产生影响；货币主义者认为坚持不干预货币政策，原因是货币政策很重要，货币供给短期影响总需求，只有坚持稳定的货币供给政策才能保证经济稳定；新古典经济学认为在理性预期条件下，私人经济主体可以利用当期掌握的所有信息来预期货币政策，只有未预料到的货币政策才会短期内影响实际变量，政府采用积极的货币政策最终只会造成经济波动和过高的通货膨胀；实际经济周期理论认为无论是在长期还是短期，经济波动都是私人经济主体对经济环境变化的最优反应，经济体始终处于均衡状态，不需要政府的政策干预，货币政策应保持物价稳定或维持低通货膨胀率。

凯恩斯学派认为私人经济是不稳定的，政府应该采用积极的政策进行干预来对冲私人经济的波动最终稳定总需求，保持经济体稳定。凯恩斯学派坚持货币政策干预立场，认为需求决定供给。传统凯恩斯经济学利用IS-LM 模型为货币政策的实施提供支持，根据经济环境来实施货币政策达到稳定总需求的目的。新凯恩经济学面对新古典经济学的挑战，积极地为凯恩斯主义寻找微观基础，利用微观经济存在刚性来支持宏观需求管理的必要性，认为由于存在名义和实际刚性，私人经济部门是不稳定的，货币政策非常重要，可以通过政策的实施来消除波动，稳定总需求。

在本章后半部分，考察了货币政策当局最优货币政策实施的依据和获得最优货币政策。通过时间不一致性发现货币政策制定有可能不符合社会的需要，货币政策在面临短期通货膨胀诱惑时无视长期利益，造成通货偏差，产生平均通货膨胀率较高的情形，通过设置损失函数对实施货币政策的当局实施约束。最终求得最优的货币政策规则。这一方法是高度程式化的理论模型和计量模型的结合，可以方便地用于货币政策规则的对比以及效果模拟。但是，这一方法仍会受到卢卡斯批评（Lucas，1976），因为政策行为的变化会带来模型参数的变动。因此我们在下一章来研究具有微观基础的货币政策模型。

第四章 新凯恩斯模型货币政策理论

在 20 世纪 70 年代、80 年代以及 90 年代早期，用于货币政策分析的模型一般采用名义价格刚性假设，以及由总支出和货币数量调整组成的结构方程。虽然这些模型的理论基础较弱，但是在一系列的货币政策分析和预测上效果显著。面对卢卡斯的批评，如今货币经济学和货币政策分析的标准做法是将名义工资或价格刚性引入基于经济参与主体最优行为的动态随机一般均衡（DSGE）框架。

这些带有名义摩擦的现代 DSGE 模型被称为新凯恩斯模型。该模型继承凯恩斯模型的传统，在短期内总需求决定产出，经济的波动可以用货币政策和财政政策消除[①]。较早使用含有这些性质模型的包括 Yun（1996），Goodfried 和 King（1998），McCallum 和 Nelson（1999）。Gali（2002）讨论了平衡条件下模型的推导，Woodford（2003a）和 Gali（2008）在著作中详细讨论了新凯恩斯模型。

第一节 新凯恩斯模型分析框架

我们首先描述家庭采用 MIC 效用函数，商品市场上属于垄断竞争，存在价格黏性，来形成基本的简单的新凯恩斯模型。在模型中，所有决策

[①] Goodfriend 和 King（1998）强调它更接近于新古典而不是凯恩斯传统。

者都面临最优化问题的决策，每个参与主体在最优化基础上完成所有市场的出清，使这个经济处于一般均衡状态。

在新凯恩斯模型分析框架下，参与人的行为符合微观最优，同时还存在价格刚性，我们通过该模型可以进行货币政策分析以及最优货币政策的选择。

一、新凯恩斯模型基本经济环境界定

该模型由家庭和厂商组成。家庭供应劳动，购买商品用于消费，同时持有货币和债券；厂商雇用劳动，生产商品同时在垄断竞争市场上销售有差别的商品。基础模型中的价格指数采取 Dixit 和 Stiglitz（1977）的定义。价格黏性的使用 Calvo（1983）交错调整方法来体现。每一个厂商都可以为自己的产品定价，但是并非所有厂商在每一期都重新定价。家庭和厂商行为都采用最优化，家庭最优化期望效用现期最大化，厂商最大化利润。央行控制名义利率。此时我们先不考虑央行行为最优化。

二、新凯恩斯基础模型

（一）家庭

代表性家庭偏好有复合消费品 C_t，实际货币余额 $\dfrac{M_t}{P_t}$，扣除被雇用时的闲暇时间。家庭预期效用现值最大化：

$$E_t \sum_{i=0}^{\infty} \beta^i \left[\frac{C_{t+i}^{1-\sigma}}{1-\sigma} + \frac{\gamma}{1-b} \left(\frac{M_{t+i}}{P_{t+i}} \right)^{1-b} - \chi \frac{N_{t+i}^{1+\eta}}{1+\eta} \right] \tag{4.1}$$

家庭消费的商品是由不同厂商的垄断竞争市场上提供的，连续测度为 1，每个厂商 j 提供的商品为 c_j。进入家庭效用函数的消费品定义为：

$$C_t = \left[\int_0^1 c_{j,t}^{\left(\frac{\theta-1}{\theta} \right)} dj \right]^{\frac{\theta}{\theta-1}}, \theta > 1 \tag{4.2}$$

家庭采取两阶段决策：第一阶段在选择消费品 C_t 时利用最优化选择保证成本最小化；第二阶段在 C_t 成本既定时，选择 C_t，M_t，N_t 使效用最大化。

家庭最小化购买成本，决策方程为：

$$\min_{j,t} \int_0^1 p_{j,t} c_{j,t} dj$$

s. t. $$\left[\int_0^1 c_{j,t}^{(\frac{\theta-1}{\theta})} dj \right]^{\frac{\theta}{\theta-1}} \geq C_t \tag{4.3}$$

其中，$p_{j,t}$ 为商品 j 在 t 期的价格。令 ψ_t 为该约束的拉格朗日乘数，对于商品 j 一阶条件为：

$$p_{j,t} - \psi_t \left[\int_0^1 c_{j,t}^{(\frac{\theta-1}{\theta})} dj \right]^{\frac{1}{\theta-1}} c_{j,t}^{\frac{-1}{\theta}} = 0$$

重新安排，$c_{j,t} = (\frac{p_{j,t}}{\psi_t})^{-\theta} C_t$。将其代入式（4.2），$C_t$ 为：

$$C_t = (\frac{1}{\psi_t})^{-\theta} \left(\int_0^1 p_{j,t}^{-\theta} dj \right)^{\frac{\theta}{\theta-1}} C_t$$

得到 ψ_t 为：

$$\psi_t \equiv P_t \tag{4.4}$$

家庭对每种商品的需求可以表示为：

$$c_{j,t} = (\frac{p_{j,t}}{P_t})^{-\theta} C_t \tag{4.5}$$

家庭对每种商品的价格弹性是 θ，当需求弹性 θ 趋于无穷大时，个别商品间的替代性逐渐变强，商品几乎无差异，此时厂商失去垄断力。

家庭预算约束如下：

$$C_t + \frac{M_t}{P_t} + \frac{B_t}{P_t} = (\frac{W_t}{P_t}) N_t + \frac{M_{t-1}}{P_t} + (1+i_{t-1})(\frac{B_{t-1}}{P_t}) + \Pi_t \tag{4.6}$$

其中，M_t 为当期货币余额，B_t 为当期债券余额，W_t 为名义工资，i 为债券利息，Π_t 为从厂商处获得的利润。

利用式（4.1）和式（4.6）求出家庭关于内生变量一阶化条件：

$$C_t^{-\sigma} = \beta(1+i_t) E_t(\frac{P_t}{P_{t+1}}) C_{t+1}^{-\sigma} \tag{4.7}$$

$$\frac{\gamma(\frac{M_t}{P_t})^{-b}}{C_t^{-\sigma}} = \frac{i_t}{1+i_t} \tag{4.8}$$

$$\frac{\chi N_t^{\eta}}{C_t^{-\sigma}} = \frac{W_t}{P_t} \qquad (4.9)$$

上述条件等式，式（4.7）为跨期消费的欧拉条件，实际货币余额和消费的替代等于其持有的机会成本，实际工资决定消费和闲暇的替代关系。

（二）厂商

在下列约束条件下，厂商最大化利润。第一个约束是生产函数采用已有技术。为了处理简约，我们忽略资本，于是产出依赖于劳动投入 $L_{j,t}$，生产率扰动为 Z_t：

$$c_{j,t} = Z_t L_{j,t}, \quad E(Z_t) = 1$$

这里假定规模报酬不变。第二个约束是式（4.5）。第三个约束是每一期有部分厂商不能调整价格。具体价格调整方式来自 Calvo（1983）。每一期调整价格的厂商随机选出，其中 $1-\omega$ 部分调整价格，剩余的 ω 部分厂商价格保持不变。参数 ω 表示名义价格刚性，它的值越大表示摩擦越小，预期时间里价格调整间隔越短。这些调整价格厂商在当期和未来预期追求利润现值最大化。$t+s$ 期的收益受到 t 期价格调整影响除非在此期间价格没有机会调整价格。注意发生的概率是 ω^s。

在分析厂商价格决定之前，先考虑成本最小化问题，也就是在产出函数 $c_{j,t} = Z_t L_{j,t}$ 的约束下，最小化 $W_t L_{j,t}$。这一问题可以表达为：

$$\min_{L_t}(\frac{W_t}{P_t})L_t + \varphi_t(c_{j,t} - Z_t L_{j,t})$$

其中，φ_t 为厂商的实际边际成本。关于 L 的一阶条件得到：

$$\varphi_t = \frac{W_t}{Z_t P_t} \qquad (4.10)$$

厂商价格选择可以转化为挑选价格 $p_{j,t}$ 最大化下式：

$$E_t \sum_{t=0}^{\infty} \omega^i V_{i,t+i}\left[(\frac{p_{j,t}}{P_t})c_{j,t+i} - \varphi_{t+i}c_{j,t+i}\right]$$

其中，折现因子 $V_{i,t+i}$，是 $\beta^i (C_{t+i}/C_t)^{-\sigma}$。利用式（4.5）消去 $c_{j,t}$，目标函数重新表述为：

$$E_t \sum_{t=0}^{\infty} \omega^i V_{i,t+i} \left[\left(\frac{p_{j,t}}{P_{t+i}}\right)^{1-\theta} - \varphi_{t+i}\left(\frac{p_{j,t}}{P_{t+i}}\right)^{-\theta} \right] C_{t+i}$$

这时，单个厂商生产差异化产品，拥有同样的生产技术，面对固定且需求价格弹性相等的需求曲线。换句话说，这些厂商是同质的只是过去时间上价格不同。所有厂商在当前面对的问题相同，所有厂商在制定价格时采取的策略是一样的，会设置同样价格。设 p_t^* 为 t 期价格调整厂商的最优选择，则关于最优价格的选择一阶条件为：

$$E_t \sum_{t=0}^{\infty} \omega^i V_{i,t+i} \left[(1-\theta)\left(\frac{p_t^*}{P_{t+i}}\right)^{1-\theta} + \theta\varphi_{t+i}\left(\frac{p_t^*}{P_{t+i}}\right)^{-\theta} \right] C_{t+i} = 0 \qquad (4.11)$$

将折现因子的表达式代入式（4.11）得到：

$$\left(\frac{p_t^*}{p_t}\right) = \left(\frac{\theta}{\theta-1}\right) \frac{E_t \sum_{i=0}^{\infty} \omega^i \beta^i C_{t+i}^{1-\sigma} \varphi_{t+i}\left(\frac{p_{t+i}}{p_t}\right)^{\theta}}{E_t \sum_{i=0}^{\infty} \omega^i \beta^i C_{t+i}^{1-\sigma} \varphi_{t+i}\left(\frac{p_{t+i}}{p_t}\right)^{\theta-1}} \qquad (4.12)$$

假如厂商调整价格不存在摩擦，即 $\omega = 0$ 时。上式可以简化为：

$$\left(\frac{p_t^*}{p_t}\right) = \left(\frac{\theta}{\theta-1}\right) \varphi_t$$

令 $\mu = \left(\frac{\theta}{\theta-1}\right)$，进一步简化上式：

$$\left(\frac{p_t^*}{p_t}\right) = \mu\varphi_t \qquad (4.13)$$

每个厂商采用加成的方式制定价格。这是垄断竞争价格制定的标准形式。效率的高低依赖于 $\mu\varphi_t$ 的值，当其值等于 1 时，最优价格等于边际成本，即 $p_t^* = p_t$。这表明在完全竞争条件下：

$$\frac{W_t}{P_t} = \frac{Z_t}{\mu}$$

事实上实际工资必须等于消费和闲暇之间边际替代率，才能保证家庭最优化行为的一致，考虑式（4.9）得：

$$\frac{\chi L_t^{\eta}}{C_t^{-\sigma}} \frac{W_t}{P_t} = \frac{Z_t}{\mu} \qquad (4.14)$$

商品市场要保证出清，产出函数暗含 $C_t = Y_t$ 和 $L_t = Y_t/Z_t$。令 Y_t^f 为均衡产出，考虑式（4.14），得到如下均衡产出的表达式：

$$Y_t^f = (\frac{1}{\chi\mu})^{1/(\sigma+\eta)} Z_t^{(1+\eta)(\sigma+\eta)} \qquad (4.15)$$

这时价格是灵活的，产出受到实际变量的冲击。可以看出，新凯恩斯模型微观基础来自实际经济周期模型。

当价格有黏性时，此时 $\omega>0$，产出不同于价格完全灵活下的产出水平。原因是价格不能每期调整，式（4.12）必须同时考虑预期和当前边际成本，当厂商有机会调整时，预期和当期的边际成本都需要考虑。

加总价格指数是调整价格指数和未调整价格指数平均。由于价格调整时随机发生，t 期的不能调整价格是 $t-1$ 期的平均价格。依据式（4.4）平均价格满足：

$$P_t^{1-\theta} = (1-\omega)(p_t^*)^{1-\theta} + \omega P_{t-1}^{1-\theta} \qquad (4.16)$$

至此，式（4.7）~式（4.10），式（4.12），式（4.14）和式（4.16）形成完整系统。在这一系统里变量为 C_t，L_t，M_t/P_t，Y_t，φ_t，P_t，p_t^*，W_t/P_t 和 i_t 结合总产出函数，和明确的货币政策方程就决定了经济均衡。

三、模型求解与分析

现在我们已经完成简单一般均衡的描述，一个符合家庭和厂商最优行为的简单一般均衡模型。对式（4.7）做围绕零通货膨胀稳定状态的近似可以得到：

$$Y_t = E_t Y_{t+1} - (\frac{1}{\sigma})(i_t - E_t \pi_{t+1})$$

将上式以产出缺口 $x_t = Y_t - Y_t^f$ 的形式表示：

$$x_t = E_t x_{t+1} - (\frac{1}{\sigma})(i_t - E_t \pi_{t+1}) + \mu_t \qquad (A)$$

其中，$\mu_t = E_t Y_{t+1}^f - Y_t^f$，取决于外生实际变量冲击。

由式（4.12）得到通货膨胀调整方程为：

$$\pi_t = \beta E_t \pi_{t+1} + k x_t + e_t \qquad (B)$$

将上述两式结合，得到一个含有两个式的方程，关于通货膨胀和产出缺口的前瞻性理性预期模型。这一双方程模型是新凯恩斯模型的基本形式。该方程组虽然从形式上看类似于常见的总需求和总供给方程，但实际上上述方程回应了卢卡斯批评，从基础性的偏好和技术开始，根据最优行为和市场结构，从精心设定的最优化问题中推导出来。其中式（A）来自典型家庭决策问题的欧拉条件，式（B）以厂商定价策略为基础得到。方程中的参数具有明确微观特征的基础性厂商生产函数和家庭效用函数的结构参数，以及假设的价格调整方式参数。

第二节　新凯恩斯模型下的货币政策分析

新凯恩斯模型从出现后十余年间迅速成为货币政策分析的标准框架。Clarida、Gali 和 Gertel（1999），Woodford（2003a），McCallum 和 Nelson（1999），Svesson 和 Woodford（1999，2005）先后利用这一简单模型进行货币政策分析。Gali（2002）、Gali 和 Gertler（2007）讨论了模型在货币政策方面的拓展，值得注意的是 Gali（2008）构建了一个非常优秀的模型用于货币政策分析。

将上述式（A）、式（B）代表的新凯恩斯模型重新表述如下：

$$x_t = E_t x_{t+1} - \left(\frac{1}{\sigma}\right)(i_t - E_t \pi_{t+1}) + \mu_t \tag{4.17}$$

和

$$\pi_t = \beta E_t \pi_{t+1} + k x_t + e_t \tag{4.18}$$

其中，x_t 为产出缺口，定义为实际产出和在灵活价格下的产出之差。i 为名义利率，π 为通货膨胀率。所有变量表示为稳态的偏离。需求扰动 μ 来自实际冲击，诸如偏好、产出、政府采购等方面的冲击，冲击 e 表示成本冲击。通过对新凯恩斯基本模型的描述，我们接下来进行货币政策的分析。

一、货币政策目标

首先我们对中央银行的货币政策目标进行讨论，在式（4.17）和式（4.18）描述的经济环境里，货币政策当局的目标应当是什么？在第二章，我们假定央行的政策目标是直接设定为产出和通货膨胀的二次型损失函数最小化，通过这一直接设定来进行货币政策分析和最优政策决定。虽然损失函数的设定有其合理性，但是其存在缺乏一个微观基础作为支撑。由于在新凯恩斯模型里对经济体的定义和描述都是以严密的微观基础构成一般均衡模型，我们应该遵循这一方法，从微观来推导出中央银行的货币政策目标。Woodford（2003a）以 Rotemberg 和 Woodford（1998）早期的工作为基础，提供最为详尽的二次函数与福利标准之间联系的分析。

Woodford 假设在区间 $[0, 1]$ 上存在由差别商品 $c_{j,t}$ 构成的连续统，家庭通过对这些商品的消费，来获得效用。这些商品以复合的形式存在，定义为：

$$Y_t = C_t = \Big[\int_0^1 c_{j,t}^{(\theta-1)/\theta} dj \Big]^{\frac{\theta}{\theta-1}} \tag{4.19}$$

另外，每个家庭生产其中一种商品，在生产过程中会带来负效用。假设劳动努力与产出成比例，此时家庭一期效用为：

$$V_t = U(Y_t, Z_t) - \int_0^1 v(c_{j,t}, z_t) dj \tag{4.20}$$

右边第二部分代表家庭生产商品带来的负效用，z_t 代表外生冲击。预期效用的现值围绕稳态效用水平波动，偏离值可以近似表述为：

$$E_t \sum_{i=0}^{\infty} \beta^i V_{t+i} = -\Omega E_t \beta^i \big[\pi_{t+i}^2 + \lambda (x_{t+i} - x^*)^2 \big] + t.i.p \tag{4.21}$$

其中，$t.i.p$ 代表政策独立变量。x 的定义域上面的定义一致。式（4.21）看起来与代表货币政策目标标准的二次型损失函数相似，但事实上二者存在着两处关键的差异：一是产出缺口来自灵活价格条件下的均衡产出，而二次型函数产出为自然产出，自然产出随生产技术波动，但和这里的均衡产出还是有较大的区别。二是通货膨胀波动的原因。当价格具有黏性时，通货膨胀对家庭和厂商都带来了影响。家庭效用函数中的消费来

自复合商品，价格的相对变化，会带来复合商品的变化，影响到家庭消费
种类和数量。由于价格黏性，厂商不能适时调整价格，通货膨胀带来价格
差异。

对效率的扭曲导致了产出缺口的出现，因此会在中央银行的目标函数
中出现相对权重过大的产出目标。出现缺口大于 0 时，央行就会在随意性
政策下制造通货膨胀偏差。但是如果政府使用财政政策来使缺口变为 0
时，也可以保证通货膨胀率为 0。

二、货币政策取舍

由于厂商交错调整价格，因此通货膨胀会引起价格的差异从而造成损
失；央行可以通过确保价格稳定来消除这一扭曲来减少损失。因此，新凯
恩斯模型的一个关键是价格稳定是货币政策的适当目标。

零通货膨胀具有最优性，这与弗里德曼的最优通货膨胀法则相矛盾。
弗里德曼认为最优的通货膨胀率应为负值。但是，由于在效用推导时货币
没有起到明显的作用。在黏性价格体系下，负通货膨胀率带来的货币性低
效率要高于零通货膨胀时货币性低效率。最优政策比较接近于价格稳定的
政策。

在黏性工资和黏性价格下，通货膨胀仍取决于预期和实际边际成本，
由于工资黏性，家庭在闲暇和消费之间的替代率和劳动边际产出不能代表
实际边际成本；工资具有黏性时，实际工资不同于边际替代率。工资稳定
可以消除家庭工作时间长度的差异，价格稳定可以消除商品间价格的差
异。如果实际生产率冲击造成实际工资的改变，那么货币政策就无法同时
使产出、价格、工资稳定。当价格具有黏性而工资具有灵活性时，为确保
生产率冲击下的劳动市场稳定，最优的政策为维持价格的稳定。当价格灵
活而工资具有黏性时，实际工资调整可以通过价格变化实现，最优政策为
维持名义工资稳定。当价格和工资都具有黏性时，权衡和取舍就不可
避免。

当价格具有黏性时，它们会依据实际工资与闲暇和消费的边际替代率
之间的缺口来进行调整。当工资具有黏性时，它们会依据劳动边际产出和

实际工资的缺口来做出调整。

三、最优货币政策的选择

假设央行试图将形如式（4.21）的二次损失函数最小化，该函数以通货膨胀与产出参照灵活价格下的均衡值的偏离水平来确定。稳态时，产出缺口为零。中央银行的损失函数形式如下：

$$L_t = E_t \sum_{i=0}^{\infty} \beta^i (\pi_{t+i}^2 + \lambda x_{t+i}^2) \qquad (4.22)$$

损失函数的形式与第二章有些类似，但事实上存在着较为关键的区别，首先损失函数有较为坚实的微观基础，每一个参数都具有微观特征；其次没有给予产出目标很大关注，只是强调的是产出缺口。当前瞻性预期发挥作用时，政策的随意性会导致通货膨胀偏差。

央行通过事先的承诺，在式（4.18）和式（4.17）的约束下，选择当前和未来通货膨胀及产出缺口路径来最小化损失函数式（4.22）。令 θ_{t+i} 和 φ_{t+i} 为式（4.17）和式（4.18）的拉格朗日乘数。货币政策当局通过选择 i_{t+i}、π_{t+i} 和 x_{t+i} 使下式最小：

$$E_t \sum_{i=0}^{\infty} \beta^i \{ (\pi_{t+i}^2 + \lambda x_{t+i}^2) + \theta_{t+i} [x_{t+i} - x_{t+i+1} + \sigma^{-1} (i_{t+i} - \pi_{t+i+1}) - \mu_{t+i}] + \varphi_{t+i} (\pi_{t+i} - \beta \pi_{t+i+1} - k x_{t+i} - e_{t+i}) \}$$

关于 i_{t+i} 的一阶条件为：

$$\sigma^{-1} E_t \theta_{t+i} = 0$$

因此，对于所有时期，都有 $E_t \theta_{t+i} = 0$。这一结果表明，只要名义利率的变动没有限制或成本为零，则式（4.17）就不会成为货币政策当局的约束。给定货币政策当局关于通货膨胀和产出缺口的最优选择，式（4.17）只是为实现理想的产出缺口数值 x_t 必需的利率值 i_t。于是，常用的做法是把 x_t 当作货币政策当局的政策工具。

设定 $E_t \theta_{t+i} = 0$，其他一阶条件为：

$$\pi_t + \varphi_t = 0 \qquad (4.23)$$

$$E_t (\pi_{t+i} + \varphi_{t+i} - \varphi_{t+i-1}) = 0 \qquad (4.24)$$

$$E_t (\lambda x_{t+i} - k \varphi_{t+i}) = 0 \qquad (4.25)$$

式（4.23）和式（4.24）揭示了货币政策当局最优事先承诺政策的前后不一致问题。根据式（4.23）在时期 t，货币政策当局设定通货膨胀为 $\pi_t = -\varphi_t$，同时承诺下期通货膨胀 $\pi_{t+1} = \varphi_{t+1} - \varphi_t$。事实上在 $t+1$ 期，货币政策当局重新进行最优货币政策操作时会把通货膨胀调整为 $\pi_{t+1} = -\varphi_{t+1}$，而非 $\pi_{t+1} = \varphi_{t+1} - \varphi_t$。也就是说在 $t+1$ 期，一阶条件式（4.23）会重新发挥作用。

因此，最优事先承诺政策要求货币政策当局在任意时期都要满足式（4.24）和式（4.25），结合这一要求，根据长期有效的最优承诺政策。对于所有时期，通货膨胀和产出缺口都应该满足下式：

$$\pi_{t+i} = -\left(\frac{\lambda}{k}\right)(x_{t+i} - x_{t+i-1}) \tag{4.26}$$

长期有效政策下的均衡通货膨胀为：

$$\pi_t = \left(\frac{\lambda}{k}\right)(1 - a_x)x_{t-1} + \left[\frac{\lambda}{\lambda[1 + \beta(1 - \rho - a_x)] + k^2}\right]e_t \tag{4.27}$$

四、随意性政策下货币政策的最优选择

当货币政策当局可以随意性实施货币政策时，它就会在通货膨胀调整方程（4.18）的约束下，使式（4.22）最小化。由于当期货币政策在下期不再具有约束力，私人部门的未来预期通货膨胀不受上期货币政策的影响。货币政策当局的决策就是在一期内最优，即 $(\pi_t^2 + \lambda x_t^2)$ 最小化，约束为式（4.18）。

一阶条件为：

$$k\pi_t + \lambda x_t = 0 \tag{4.28}$$

因此，对于货币政策当局来说，在当期随意性货币政策和承诺货币政策没有差异，但在长期内，差异就会显现出来，对于 $t+1$ 期随意性政策下有 $k\pi_{t+1} + \lambda x_{t+1} = 0$，而事先承诺的货币政策为 $k\pi_{t+1} + \lambda(x_{t+1} - x_t) = 0$。

求出在最优随意性政策时，均衡通货膨胀为：

$$\pi_t = -\left(\frac{\lambda}{k}\right)x_t = \left[\frac{\lambda}{\lambda(1 - \beta\rho) + k^2}\right]e_t \tag{4.29}$$

通过分别对式（4.26）和式（4.27）与式（4.28）和式（4.29）做

校准并以数量方法求解，我们就可以评估在长期有效的货币政策下，两种规则下成本冲击对通货膨胀与产出的影响。

到目前为止，我们利用式（4.17）可以推导出相应的利率设定方法。具体通过对预期通货膨胀和预期产出缺口的评估，求出名义利率：

$$i_t = E_t\pi_{t+1} + \sigma(E_t x_{t+1} - x_t + \mu_t) = \left[\frac{\lambda\rho + (1-\rho)\sigma k}{\lambda(1-\beta\rho) + k^2}\right]e_t + \sigma\mu_t \qquad (4.30)$$

该式就是名义利率的解。调整名义利率的目的是完全抵消需求冲击对产出缺口的影响。

第三节 货币政策的运用

在讨论货币政策时，我们经常会谈及货币政策目标，以此来设定货币损失函数，在相关约束条件下来确定最优货币政策，但是货币政策的基本目的常常过于简约。事实上，世界上大部分中央银行经常会提到货币政策的基本目的是：高就业、价格稳定、经济增长、金融市场稳定、利率稳定、汇率稳定[①]。

一、货币政策目标及相互关系

（一）高就业

高就业是宏观经济政策的一个目标。我们知道从微观角度来看，家庭效用函数中包括消费、财富和闲暇。当家庭陷入持久的失业时，其收入就会持续地减少，虽然闲暇增加但是其二阶导数小于零，过多的闲暇也会给家庭带来的效用增量持续减少，失业带来的消费减少可能会给家庭带来的负效用增加，综合来看失业给家庭带来了负效用，失业也带来了产出的损失。究竟多高是高就业？失业率处于何值时，我们才能判断宏观经济处于

---

① 在本书只讨论封闭经济，因此汇率稳定就不予讨论。

充分就业状态？失业率为零似乎是一个不错的标准。但是由于摩擦性失业的存在，失业率为零不是一个很好的指标。高就业不应该追求零失业率，而是一个高于零，同时实现劳动力市场均衡的失业率，也就是经济学家所谓的自然失业率。自然失业率究竟为多少，是否保持长期不变？这是一个相对难以解答的问题。追求过低的失业率可能会带来加速通货膨胀。反之，2008 年之后美国高达两位数以上的失业率显然过高。

（二）价格稳定

价格稳定是一个显而易见的目标，在过去的 30 年里，经济学家已经越来越意识到通货膨胀在社会和经济方面的代价，因此更加关心把价格稳定作为经济政策的一项目标。通货膨胀会带来家庭货币财富的缩水，真实货币余额会随着价格的上升带来缩水，由于工资黏性的存在导致签订长期合同的名义工资未能做出相应调整，价格的上升会带来实际工资的降低，给家庭带来损失，降低家庭的效用。对于厂商来说，由于价格黏性的存在，厂商不能适时依据价格上涨幅度调整商品价格，商品价格的黏性导致厂商会降低商品的产出。

（三）经济增长

经济增长是和高就业紧密相关的，产出依赖于技术条件、资本和劳动投入。在短期内技术条件是保持不变的，经济增长主要依赖于投资的增加，提高投资的一种方法是保持低利率。但是这一政策具有内在的约束，会带来通货膨胀，为了防止通货膨胀。货币政策应该是追求经济增长处于潜在的增长水平，而不是过分地追求高增长忽视经济体的内在约束，导致经济过热，带来加速通货膨胀和过高的平均通货膨胀水平。货币政策的目的是追求稳定的经济增长而不是过快的增长，追求的是产出缺口为零的增长。

（四）金融市场稳定

金融稳定就会使我们想到金融恐慌。金融恐慌以及为摆脱金融恐慌以获得金融安全的结果是深度的经济衰退，同时伴随大量的失业。中央银行的成立最大的动机是基于它有可能防止金融恐慌。防止金融恐慌应是中央银行最为关注的问题，中央银行存在的重要理由就是它能促进金融稳定。

在 1930 年、1931 年和 1933 年大量的银行倒闭。自此，美联储将避免金融恐慌作为基本的职责。通常来讲，中央银行通过利率稳定来促成金融市场的稳定。但事实上，2008 年的金融危机却以资产价格泡沫破裂的形式出现。

（五）利率稳定

利率稳定是合乎宏观经济需要的，原因是利率的波动有可能引起经济中的不确定，依据式（4.17），利率的频繁波动会引起产出缺口产生波动，使得厂商的未来计划更加难以确定。反之，利率稳定就会促使金融市场运行更为有效。多数金融工具交易商持有与他们资本极为相关的证券存货。如果利率过分上扬就会带来证券价值严重缩水，严重缩水的证券类资产就会给他们造成严重损失，相当于资本有部分损失，严重时可能导致金融交易商倒闭破产。稳定利率还要考虑到利率是一种由市场自由决定的价格，它必须处于市场的均衡点上。因此就要求中央银行如果要保持利率稳定就需要根据货币需求来保证货币的供应。

从上面的表述来看，中央银行有许多目标。有些目标之间可能是冲突的，因此，央行就不得不加以选择。在短期内，价格稳定的目标就会和利率稳定和高就业的政策目的发生冲突，经济处于上升阶段时就会出现通货膨胀。而在经济收缩阶段就会伴随失业的上升和通货紧缩的出现。通货膨胀时往往伴随着利率的上升。假如央行通过购买债券的方式来提高债券价格从而达到降低利率的目的，那么就会带来基础货币的增加和市场流动性加快从而引发通货膨胀。另外，央行通过公开市场进行债券销售，达到回收流动性的目的，防止通货膨胀的上升，同时放慢货币供给速度，就会带来利率和失业率可能上升。因此政策之间是存在冲突的。

二、中央银行最终目标争论

（一）单一目标说

由于长期失业率决定于非加速通货膨胀失业率，因此，有些经济学家建议央行放弃就业指标，只关注可以能控制的指标，如通货膨胀率。当然保持价格稳定的政策不同于实行降低通货膨胀的政策。假设：央行瞄准价格稳定，但是在未来一段时期，价格以同样速度比如3%的水平上升。央行未来保持价格稳定就要采取紧缩政策使价格逐步下降3%。相比之下，保持通货膨胀稳定就不需要抵消前期的价格上升。央行如果采取盯住目标通货膨胀率的办法保持价格稳定，对于公众来说对未来通货膨胀率有可靠的预期有助于经济稳定，央行将把注意力放在长期效应上来。如果央行只有一个单一目标，就能相对客观和有效地评价央行的工作。

(二) 多目标说

由于价格黏性和工资黏性，在短期内价格的变化可以影响实际的经济变量，依据式 (4.17) 和式 (4.18)，由于实际因素的冲击也会带来价格的变化，价格的变化反过来影响实际经济。在遭遇负向冲击时，若此时参数 $k<0$，不仅带来产出下降，同时也会使通货膨胀率上升，依据单一目标的政策主张，将采取收缩政策，这样就会进一步地减少产出，增加失业。由于经济环境不断变化，价格黏性普遍存在，货币政策最终目标仅仅盯住通货膨胀目标来稳定需求有时可能往往不够。央行履行职责时要保持一定的弹性。以我们有限的预测能力来预测未来所要发生的事件，来约束现在看来正确的既定政策是不明智的。20世纪30年代以前保持价格水平稳定的政策没有能够阻止危机的出现，同样20世纪30年代之后多目标政策虽然促进了经济的快速增长但是也带来了居高不下的通货膨胀。保持币值稳定成为货币政策的目标，进一步发展成为盯住通货膨胀目标制度，并于20世纪80年代以来成为主要货币政策目标，但是2008年的金融危机再一次告诉我们金融市场稳定及资产价格稳定也应该成为货币政策目标。

危机前的较长时间里，世界主要经济体的中央银行都成功地使通货膨胀控制在相对理想的水平，当然这都得益于实施有效的货币政策，这一时期央行最重要的货币政策变化就是实施盯住通货膨胀目标制度。

三、盯住通货膨胀目标制度

关于最优政策分析，首先规定中央银行的目标函数，然后中央银行在给定的目标函数以及经济结构对其选择构成的约束条件下按照最优原则实施货币政策。盯住目标制度是指赋予中央银行一个目标的政策制度。具体含义包括：一是中央银行损失函数中包含哪些变量；二是这些变量的形式，比如是线性还是二次型等；三是要设定这些变量的权重；四是要选择使损失函数预期贴现值最小。盯住通货膨胀目标制度就是最为常见也是较为重要的盯住目标制度。Bernanke 和 Mishkin（1997），Svensson（1997a，1997b，1197d. 199b，1999c，1999d），Svensson 和 Woodford（1999）都对盯住目标制度进行了详细的论述。涉及对盯住通货膨胀目标的经验研究的包括 Bernanke、Laubach、Mishkin 和 Posen（1998），Amato 和 Gerlach（2002）等著名学者。

（一）盯住通货膨胀目标基本模型解释

在研究盯住通货膨胀的大量文献中，盯住通货膨胀目标有多种表现形成，在具体执行的国家里，具体的执行政策方式也不相同。一般来讲，央行都会宣布一个正式的通货膨胀目标，通常会和央行公开发表的通货膨胀预测一起出现。一般情况下，可以把盯住通货膨胀目标制度看成是中央政府采取如下政策目标形式：

$$L_t = E_t \sum_{i=0}^{\infty} \beta^i \left[(\pi_{t+i} - \overline{\pi})^2 + \lambda x_{t+i}^2 \right] \tag{4.31}$$

其中，$\overline{\pi}$ 为通货膨胀目标，λ 为央行赋予缺口的权重。央行这一目标函数形式代表央行从形式上盯住通货膨胀目标制度，此时央行既关心通货膨胀稳定也注重产出稳定。

中央银行通过选择利率来影响通货膨胀和产出。事实上，中央银行由于政策的时滞性，货币政策只能影响未来的产出和通货膨胀。央行对未来产出缺口和通货膨胀的预测就显得十分重要。式（4.31）就转化为：

$$L_t = E_{t-1} \sum_{i=0}^{\infty} \beta^i \left[(\pi_{t+i} - \overline{\pi})^2 + \lambda x_{t+i}^2 \right] \tag{4.32}$$

要求央行所拥有的信息是上期而不是本期进行决策，当在 $t-1$ 期时，央行预测 t 期的通货膨胀如果超过通货膨胀目标值时，就会通过调整政策来确保产出缺口的预测为负数。达到调整通货膨胀的目标。反之，在 $t-1$ 期央行预测通货膨胀目标低于通货膨胀目标值时，往往就会调整政策使产出缺口的预测为正值。

(二) 盯住通货膨胀目标制度的实施效果

Bernanke 和 Gertler (1999) 特别赞赏灵活的通货膨胀目标制度,认为要实现宏观经济稳定和金融稳定该准则就是有效的货币政策准则。在实施的盯住通货膨胀目标制度中,存在两种形式:一种是暗含的盯住通货膨胀目标制度;另一种是明确的盯住通货膨胀目标制度。后者往往要求货币政策更高的透明度和保持与公众的沟通。从主要国家经济体的货币政策来看,暗含的盯住通货膨胀目标制度能够较好地实现货币政策的结果,坚定地致力于维持通货膨胀预期可以提高宏观经济稳定。但是如果采用第二种明确的盯住通货膨胀目标制度,会带来更好的结果。公开、透明的货币政策准则可以使公众相信货币政策的连续性,减少决策者变化带来的不确定性,有利于稳定经济体预期。货币政策的透明性使得私人部门清楚货币政策准则,很好地预期央行未来政策的变化方向,当通货膨胀过高时,央行就会提高利率;当通货膨胀偏低时,央行就会降低利率。

灵活的通货膨胀目标政策确实能稳定通货膨胀,观察金融危机之前的 CPI 趋势图。如图 4-1 所示,美国的通货膨胀率在 1990~2006 年控制得相对比较成功,大部分年份里,通货膨胀率保持在 3% 以下。

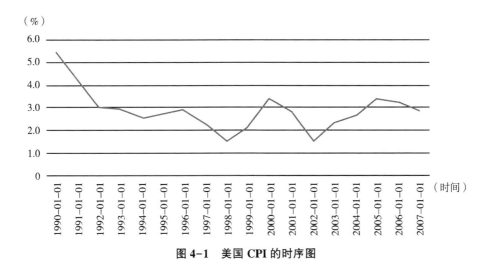

图 4-1　美国 CPI 的时序图

通货膨胀的成功使得央行和经济学家认为找到了控制经济的科学，货币经济学和宏观经济学过去二十多年的发展和实践成果似乎已经使宏观经济学和货币经济学成了一门科学。然而中央银行的货币政策决策者和宏观经济学家以及货币经济学家还没有来得及庆贺，次贷危机、金融危机和经济危机接踵而来。金融危机的爆发使得货币政策者的信心和宏观经济学货币经济学再一次陷入困境。

第四节　资产价格冲击下的货币政策变革

一、资产价格冲击对美国经济的影响事实

我们从美国危机前后通货膨胀的时序图（见图4-2）、实际 GDP 的时序图（见图4-3）以及失业率的时序图（见图4-4）来观察，在危机之前通货膨胀率始终处于较为平缓的水平，大部分年份维持在 2%~4%；危机前的实际经济增长率在 2%~4%，走势非常平稳；危机前失业率基本维持在 6%之下，处于较低的水平，尤其是在 2003 年从 6%一直下行至 2006 年和 2007 年 4.6%的水平。无论从通货膨胀率的时序图、实际经济增长的时序图还是失业率的时序图来看，美国经济都处于历史较好水平。依据灵活的盯住通货膨胀目标货币准则，美联储在危机前货币政策非常有效。无论

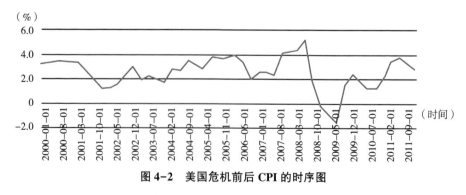

图4-2　美国危机前后 CPI 的时序图

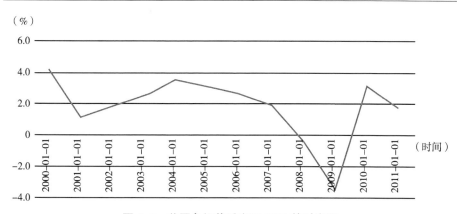

图 4-3 美国危机前后实际 GDP 的时序图

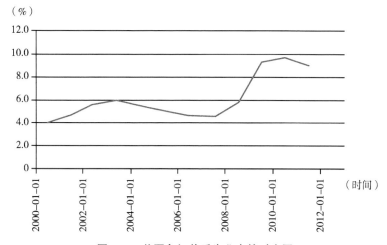

图 4-4 美国危机前后失业率的时序图

通货膨胀率还是产出缺口都处于较为可控的水平，美联储大体成功地控制了通货膨胀和产出缺口。通货膨胀似乎不再是一个重要的问题。但是在另一个领域有一个重要的现象却没有引起货币政策决策者高度的重视，那就是以房地产为代表的资产价格出现快速上涨的趋势，资产价格的泡沫越来越大。无论从美国房地产价格的时序图还是三期滚动标准差的时序图来观察，资产价格从 2006 年开始价格波动剧烈，房地产价格泡沫开始吹起。伴随着房地产价格泡沫的破灭，实体经济活动出现严重衰退，通货膨胀率从 2007 年第 1 季度的 4.0%下滑至 2009 年第 3 季度的-1.6%。同时年度实际 GDP 增速从 2006 年 2.7%下落至 2009 年的-3.5%,失业率从 2006 年的 4.6%急剧上升至 2009 年的 9.3%。资产价格泡沫的破裂,损害了金融机构的资本基础,恶化金融债务人的资产负债表,给实体经济造成严重的影响,使实体经济陷入严重的衰退之中。通货膨胀率跌幅高达 121%,实际 GDP 下滑幅度高达 229%,失业率上升幅度为 102.1%。

二、资产价格变动对货币政策的影响

以房地产价格为代表的资产价格价格剧烈波动为什么没有引起美联储政策决策者的注意呢?政策制定者应该关注房地产价格的波动吗?货币政策目标里应该有以房地产为代表的资产价格的身影吗?货币政策当局的损失函数里应该有资产价格缺口吗?

(一) 资产价格波动特征

我们知道,资产价格尤其是房地产价格很容易发生变动,在近十年里波动尤为频繁和剧烈。资产价格归根结底属于经济体系内的内生变量,但是资产价格的波动和实际经济之间出现了脱节,这一情形我们也可以从房地产价格的时序图 4-5 和通货膨胀的时序图、实际 GDP 的时序图以及失业走势图的变化趋势中观察出来。在通货膨胀率,实际 GDP 增长率以及失业率趋势相对平稳时,房地产价格却出现快速上扬,表现出与实体经济不同的趋势如图 4-6 所示。

(二) 货币政策对房地产价格的态度

货币政策当局应当关注房地产价格的变化吗?依据 1970 年尤金·法玛提出的有效市场理论和莫顿与米勒 (1958) 的 MM 理论,在一个完全有效、没有管制的金融市场里,资产价格的变化是经济基本面的一个反映。资产价格的变化都会及时在实体经济中反映出来,实体经济发展良好就会带来金融市场的繁荣。资产价格反映实际经济的基本面。货币政策当局没有必要关注资产价格的变化,因为资产价格的变化会很快在通货膨胀率和经济缺口中反映出来。货币政策决策者只要关注实体经济的变化就足够了,实体经济的稳定必然带来金融市场的稳定,实体经济稳定与金融市

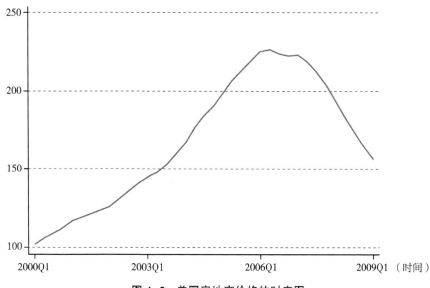

图4-5 美国房地产价格的时序图

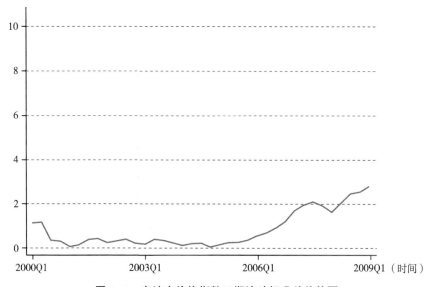

图4-6 房地产价格指数三期滚动标准差趋势图

场稳定是相互促进的，货币政策当局把目光紧紧地盯在通货膨胀和产出缺口就能够保证金融市场的稳定。

当然出现例外情况时，就要对上述立场做出必要的修正。我们说在有效和没有管制的资本市场或金融市场，资产价格的变动反映经济基本面的变化，当出现非基本面或者说是非实际经济变化驱动的资产价格的变化时，同时，资产价格的波动对经济产生潜在和实际较大影响时，货币政策决策者如果还对资产价格的波动置若罔闻时，就会发现这种行为将会给经济带来巨大的损失。

换句话说，资产价格波动对经济稳定的影响完全由通货膨胀率和产出缺口波动完全反映时，资产价格不是影响经济稳定的独立变量，货币政策当局可以忽略资产价格的波动。当资产价格的波动对经济稳定的影响不能完全或大部分不能由通货膨胀率和产出缺口波动完全反映时，资产价格是影响经济稳定的独立或相对独立的变量时，货币政策当局就应当关注资产价格的波动。

资产价格波动非经济基本面驱动的根源可能由以下原因造成。一是金融自由化，金融自由化往往发生在发展中国家和新兴经济体国家，这些国家为了刺激经济的发展，纷纷放松资本管制吸引更多的资本，为家庭和企业创造了相对宽松的融资渠道。金融自由化改革措施的实施带来了大量外部资本的涌入，随之而来的就是资产价格的快速上升，消费的扩大，产出的增加，但是也催生了大量资产泡沫。金融自由化能够改善一个国家的资本状况，会降低一个国家的资本成本，促进资本的转化推动经济增长。但是金融自由化的潜在危害也是显而易见的，Allen 和 Gale（1998）认为，如果金融自由化缺乏必要的监管，就会产生问题。无限制地扩大私人借贷双方的权利，加大政府的债务担保责任，必然会鼓励更多的从事高风险的投资行为和投机，再加上货币政策当局没有适时采取有效的货币政策，多数情况下会快速演化成资产泡沫，随着借贷和投资活动难以持续，资产价格泡沫破裂，经济体陷入严重衰退。

二是投资者的非理性行为造成的资产价格泡沫，比如羊群效应行为、大傻瓜理论效应、盲目乐观行为。在非理性行为下，投资者往往出现风险评价整体性下移，认为系统性风险向下移动，市场收益率向上移动。想当然地认为资本市场的收益率在提高，市场的整体风险集体下降。在这种理念的支撑下，投资者积极地进入资本市场进行资本投资，随着涌入资本规模的激增，导致对金融产品需求过快增长，带来了金融产品价格的上升，金融产品收益上升，这种不断正向强化作用，使得资本加速流向资本市场，推动资产价格快速上升，持续的资产价格上涨给投资者带来了错觉，认为市场的系统性风险在下降，整体市场收益率在提高，加剧进入资本市场的投资活动开始演变成资产泡沫。随着涌入资本增速的下降，资产价格增速也开始回落，收益率开始减少，投资者开始重新审视市场风险，难以维系的资产价格泡沫开始破裂，经济陷入衰退。

政策制定者关注资产价格变动除了因为资产价格波动的根源外，还有一个更为重要的原因就是，资产价格泡沫破裂对实体经济能否产生重大影响。如果说，一个经济体资产价格泡沫的破裂对实体经济影响很小，政策制定者也没有理由关注资产价格的变动。只有资产价格泡沫的破裂对实体经济的影响产生重大影响时，货币政策制定者就有必要关注资产价格的变动。从以往资产价格泡沫破灭的情形来看，无论从 20 世纪 30 年代的大萧条，还是 20 世纪 80 年代美国、日本、英国、荷兰、瑞典和芬兰的金融危机，1994 年的墨西哥金融危机，1997 年东南亚金融危机，最近的美国次贷危机都经历证券市场和房地产市场价格 "泡沫吹起—泡沫膨胀—泡沫破裂" 的周期性变化。伴随着资产价格的破裂，实体经济出现严重的衰退。资产价格的快速下降使得美国经济在 20 世纪 90 年代陷入经济衰退和缓慢复苏，90 年代东南亚和拉美资产价格的崩溃使这些国家出现严重的经济下滑。日本股票市场和土地市场价格的崩溃，使得日本经济陷入长期的低迷之中，由于信用繁荣推动资产价格向上偏离资产的基础价值，形成资产价格泡沫。随着价格泡沫崩溃，债权人的净值开始减少，从而加剧信息不对称程度，导致贷款收缩。金融机构资产负债表的恶化也会导致贷款收缩，导致加剧活动在较长一段时期呈现萎缩状态。2007~2008 年美国的次贷危机直接来源于房地产市场泡沫的崩溃。在国外资本流入和次级抵押市场扩张的推动下，形成了房地产市场泡沫。高房价进一步刺激抵押贷款规模的膨胀，在房地产价格升值的预期下，没有人认为借款人会出现违约，违约的风险几乎可以忽略。次级抵押市场采取的是发起分销商业模式，在这种商业模式下，代理问题就会出现。抵押贷款的发起人没有动力确保借款人的风险，刺激了具有高风险的借款在房价不断上涨的市场上购买房地产。由于缺乏必要的监管，贷款人并没有及时披露借款人偿债能力的信息。信用评级机构为了获取进行评级的抵押支持证券发行人的手续费，在信用评级时往往故意忽视其潜在风险。同时，结构化产品十分复杂，其价值难以准确评估，造成信息问题凸显。贷款发放的标准越来越低，借款人的首付越来越低，累积的风险越来越大，违约率开始出现时，风险开始爆发，违约的急剧上升，带来了房地产市场泡沫的破灭，抵押支持证券的价值急剧萎缩，引起金融机构资产负债表恶化。金融机构被迫启动去杠杆化的进程。由于缺乏机构承担收集信息和发放贷款的重任，逆向选择和道德风险的加剧导致贷款和加剧活动萎缩。当房地产价格暴跌，引起房地产相关资产的价值大幅缩水，导致无论是在传统和影子银行部门还是金融机构的资产负债表崩溃。许多高度杠杆的易受挤兑的金融机构，它们严重依赖短期借贷来进行资产收购。杠杆和短期内到期资金的组合给它们带来危险。其结果是规模难以想象的恐慌，给我们带来可怕的破产和第二次大萧条的全球金融体系的崩溃。从规模占比不高的次级抵押贷款危机演化为金融海啸，从金融海啸快速蔓延至实体经济，迅速成为一场经济灾难。比历史上以往资产价格崩溃带来的影响更为严重，不仅美国自身经济受到重创，而且通过金融市场和进出口贸易使得全球经济卷入其中，全球经济无一幸免，全球经济活动水平下降，经济深度衰退，失业率上升。

三、资产价格影响实体经济的机制

（一）金融摩擦对经济波动的影响

金融市场的摩擦导致和决定了经济波动的动态过程，金融市场上各个变量变动，放大和扩张了实体经济的波动。金融市场摩擦是理解资产价格波动影响实体经济机制的关键。2007 年至 2008 年全球金融危机，对金融摩擦及其与宏观经济变量如何相互影响成为理解此次金融的中心。金融摩擦是指由于信息不对称的存在，导致在一定制度框架下金融市场并非完全有效，福利经济学第一定理不能被满足，金融资源的分配不能达到帕累托最优，导致金融市场失灵。金融摩擦的主要表现形式是代理成本，代理成本越高说明金融摩擦越严重，金融市场分配资本的效率越低，投资水平就会受到更多的抑制。经济活动水平也会受到严重影响。

　　传统的凯恩斯学派在分析宏观经济时常常采用 IS-LM 框架，在这一框架下，金融市场是被认定为对实体经济或者说是宏观经济变量不产生实际影响。实际经济周期理论在分析宏观经济波动时同样认为金融市场对宏观经济波动无关。二者在金融市场作用上认识的一致性来源于 MM 模型（1958），金融市场的结构无关紧要，金融市场与宏观经济活动独立不相关。也许我们认为金融市场结构无关论只是一个假设或者说是基准。当金融摩擦比较小时，该理论可以保证成立。Gertler（1988）认为在分析金融市场与宏观经济活动之间的关系时，可以使用不同的模型。结合费雪和凯恩斯的理论，可以更好地解释金融市场与经济周期波动的演变过程。费雪在 1933 年的著作中就敏锐地指出 20 世纪 30 年代大萧条如此严重的原因是严重的通货紧缩导致私人部门债务负担加剧之后金融危机才接踵而至。依据费雪和凯恩斯的解释，金融市场的恶化不仅是宏观实体经济下滑的反映，金融市场本身也是导致经济下滑和衰退的主导力量。Bernanke（1983）通过对 1930~1933 年的金融市场分析发现，金融市场条件的恶化，使信贷分配过程中的效率下降，产生了更高的交易成本，导致信贷供应减少，抑制了总需求。金融市场条件恶化可以帮助解释大萧条不寻常的长度和深度。通过对 1990~1991 年美国的经济衰退，Bernanke 和 Lown（1993）再次发现，金融市场条件恶化是此次衰退恢复缓慢的主要原因。Bernanke、Mark Gertler 和 Simon Gilchrist（1996）在论文中提出了金融加速器机制，用于解释金融加速器机制对经济周期的动态过程具有显著的影响。

　　利用 BGG 模型，我们可以更好地理解金融市场中的金融摩擦对宏观经济活动的影响。金融市场的内生变化和演变会放大宏观经济波动和冲击。利用学术界（Bernanke, Gertler and Gilchrist, 1999; Christiano, Motto and Rostagno, 2006; Mona-celli, 2006; Iacoviello, 2005）对金融摩擦理解的深入，给我们理解资产价格、宏观经济和货币政策提供了深刻见解。

受此启发，本书构造了一个动态一般均衡模型，希望有助于解释在金融摩擦条件下最优货币政策的选择。模型是已知各种研究方法的综合，它可以被当作前述研究方法的诠释和拓展。该模型尝试存在金融摩擦条件下资产价格波动对最优货币政策的选择。特别要指出的是，Bernanke、Mark Gertler 和 Simon Gilchrist（1996）的金融加速器机制是理解金融摩擦影响宏观经济的关键。Kiyotaki 和 Moore（1997）、Gertler 和 Karadi（2010）、Brunnermeier 和 Sannikov（2011）分别从不同的角度论述金融摩擦会导致经济体偏离稳态，从而通过不断循环、加强和放大使宏观经济出现较大的波动。

遵循新凯恩斯模型（DHK）的修正和拓展，其目的是考察资产价格冲击下基于金融摩擦的最优货币政策。最基本的新凯恩斯模型是一个随机增长模型，综合了垄断竞争、货币、价格黏性。我们之所以基于以 DSGE 模型作为起点，一是因为自从 Kydland 和 Prescott（1982）创立 RBC 理论以来，新凯恩斯模型吸收了 RBC 理论源于最基本的内生性行为假定，DSGE 模型已经成为宏观经济学研究的主流方法，是经济学家展示新观点的重要载体；二是因为该模型便于研究最优货币政策。

（二）金融加速器和经济危机

企业的市场价值是顺周期的，当宏观经济繁荣时期，企业的收益率和现金流都是在提高的这一时期，企业的市场价值不断地攀升，企业面临的融资约束较小，融资成本较低，企业发展迅速。当经济处于衰退阶段时，企业市场价值缩水，企业的收益率和现金流减少，企业面临的金融环境趋紧，融资成本上升，导致企业活动进一步收缩（见表 4-1）。金融摩擦的存在，放大和加剧了经济衰退的深度和长度。

表 4-1　美国 1960~1990 年经济年萧条信贷条件变化

单位:%

年份	1960	1969	1973	1980	1981	1990
贷款总额增长率	7.5	4.4	12.2	3.5	5.4	-3.6
工商业贷款增长率	3.6	10.1	19.2	4.8	17	-2.4

续表

年份	1960	1969	1973	1980	1981	1990
地产贷款率	8.9	4	10.4	4.9	2.6	-3.7
消费者贷款	7.6	0.2	10	-1	2.3	-4.3
就业增长率	-1.3	0.6	2.4	-0.9	-1.3	-1.3
通货膨胀率	1.8	4.9	10.3	11	7.2	5.8

资料来源：Bernanke、Ben 和 Lown S. （1991）。

有关金融市场与经济危机关系方面实证的文献也相当丰富，较为新鲜和出色的研究来自 Bordo （2008）、Claessens 等 （2008）、Barro 和 Ursua （2009）。前者从史学的角度梳理了发生最近几次金融危机的特征，都表现为经济持续向好带来对经济前景看好所引发投资的热潮，宽松的货币政策提供丰厚的资金支持，金融创新层出不穷，金融杠杆迅速提高，资产价格快速上升，企业投资大幅上升，出现价格泡沫，随着货币政策的收紧，资产价格泡沫开始破裂，杠杆下降，企业资产负债恶化，投资水平快速下滑，经济活动水平开始降低，不断循环强化的结果导致经济陷入严重衰退。后者利用跨国面板数据研究了资产价格泡沫破裂对宏观经济的伤害程度，通过实证发现，资产价格下跌对经济影响十分严重，资产价格尤其是房地产价格的崩溃对经济的影响更为严重，经济衰退时间更长，衰退幅度更大；资产价格价格崩盘带来经济萧条和经济严重衰退[①]的概率分别为22%和3%。

从金融加速器的角度，Mishkin （1996）认为如果没有金融摩擦，资产价格的波动不会对金融市场的功能产生重大影响，正是金融摩擦的存在，使得资产价格的波动严重影响了金融市场功能的发挥，资产价格的剧烈波动导致金融危机出现，最终影响到企业投融资活动，最终使宏观经济遭受严重打击。Mishkin （1978）指出正是资产价格的快速上升和下降是经济危机出现的直接诱因。从总需求的角度观察，在资产价格快速上升时期，家庭财富快速上升，由于收入效应的存在，家庭开始扩大信用规模，

---

① 一般认为，经济萧条是指实际 GDP 下降 10% 以上，经济严重衰退是指实际 GDP 下滑在 25% 以上。

积极地进行消费和投资，总需求增加。随着资产价格破灭，家庭资产负债表恶化，金融加速器的存在，使得家庭信贷约束增大，最终导致家庭投资和消费支出双双减少，造成总需求的下滑。Bernanke（1983）从金融市场角度论证金融加速器作用，在金融市场上，由于资产价格的崩溃，金融机构的资产负债表恶化，使得企业融资约束加大，面对融资成本的快速上升和融资数量的急剧下降，企业经济活动水平下降，企业的投资受到影响，导致投资支出减少，宏观经济陷入衰退。

（三）对现实的解释

2007 年至 2008 年的金融危机正是以房地产价格为代表的资产价格快速上涨和快速下跌导致。资产价格的剧烈波动使得住宅贷款违约率快速上升，相关金融产品贬值，以高杠杆和短期融资为主的金融机构，由于资产负债表快速恶化导致资产被迫出售，带来财务状况进一步恶化，金融恐慌开始蔓延，信贷业务急剧收缩。由于金融摩擦的存在，在金融加速器机制下导致金融机构负债表恶化加剧，金融资产被抛售，金融资产价格大幅缩水。资产价格的暴跌也恶化了企业资产负债表，企业融资成本上升，企业投资活动下滑严重。资产价格的下跌使得家庭负债表也遭受拖累，首先，家庭信贷约束提高，消费无法平滑，不得不减少消费；其次，资产价格的下跌也使家庭财富缩水，在收入效应的作用下减少消费；最后，企业活动水平的下降使得家庭成员面临工作岗位丧失或薪酬水平下降的情形，面对可支配收入的减少以及对未来经济前景预期悲观，家庭支出大幅减少，总需求的减少进一步降低了经济活动水平，不断加强的负向冲击循环进一步使经济陷入更为持久的衰退。

四、资产价格与货币政策目标

如果金融市场是完全有效的，货币政策不需要关注资产价格的波动，从 20 世纪 80 年代以来，美联储将货币政策目标从盯住货币供应量转向盯住通货膨胀和产出缺口的货币政策，就是所谓灵活的通货膨胀目标的泰勒规则，在这一货币政策目标的指引下，利用泰勒规则，货币政策当局较好地控制了通货膨胀率。从图 4-1 我们可以看出，2000 年第 1 季度到金融危机爆发前的 2007 年第 3 季度，通货膨胀率在 1.2% 至 3.9% 之间，平均通货膨胀水平为 2.7%。灵活的通货膨胀目标使得价格水平稳定，在稳定价格的同时，美国的经济增长也表现不俗，维持在平均 2.59% 的年均增长率。稳定的经济环境并没有使金融保持稳定，也就是在此期间，以房地产为代表的资产价格开始快速上升，资产价格的波动开始剧烈。由此我们可以看出，由于金融摩擦的存在，在金融加速器机制下，仅仅关注通货膨胀和产出缺口的货币政策并没有保证金融的稳定，还不足以控制金融危机的发生。同时金融危机给宏观经济带来的危害也十分严重，从 2007 年第 3 季度到 2008 年第 4 季度，美国资产净值缩水超过 25%。股票市值截止到 2008 年 11 月初，标准普尔 500 指数下跌 45%，期货市场下跌 30%~35%。房地产价格从 200 年的最高值下跌近 20%。美国住房资产净值从 2006 年最高值到 2008 年中期缩水 32.3%，在家庭资产中居于第二位的退休资产缩水 22%。同时，除退休储蓄之外的其他投资和储蓄损失大约 1.2 万亿美元，养老金账户减少了 1.3 万亿美元。[①] 金融危机对美国宏观经济产生了严重影响，2008 年第 4 季度实际 GDP 减少 6.2%，从 2008 年 2 月至 2009 年 2 月，在美国有大约 500 万人被迫离开岗位。在危机最严重的金融市场，到 2008 年 9 月就有大约 6.5 万人失业。2009 年 2 月美国失业率创下 26 年来新高的 8.1%，这一趋势至今尚未出现根本性转变。

资产价格剧烈波动通过金融加速器机制不断放大冲击，影响到金融市场，2007 年期间超过 100 家从事抵押贷款业务的金融机构破产、倒闭或被收购。危机在金融市场上迅速演变为金融恐慌，为了平衡资产负债表大量资金从抵押贷款债券和股市抽走，衍生品市场的崩溃也带来了世界粮食危机。大量投资在粮食和初级产品的投资也被移走。抵押贷款违约率的快速上升也使得存款机构的利润严重减少，与 2007 年第 4 季度同比减少 98%。2007 年存款保险机构销售收入同比减少 31%，利润减少 46%。资产证券化市场也遭受严重的冲击，证券化市场是指金融机构为客户提供抵押贷款、消费信用卡和汽车消费信贷，然后通过证券化市场将资产分类打

---

① The Great Crash, 2008, Foreign Affairs.

包出售给投资人。银行利用出售获得的资金再进行类似业务，并在业务中收取相应手续费。证券化市场自 2007 年 3 月开始出现停业，到 2008 年 9 月全部关闭。超过 1/3 的私人融资渠道消失，冲击不断被传递放大，房地产价格的暴跌造成大量家庭财富缩水和房屋抵押品相关贷款减少，作为美国消费主要支出的汽车需求下降，造成汽车行业的危机，在金融危机期间即 2007 年秋季至 2008 年秋季，三大汽车制造商汽车销量大幅下滑，其中，福特汽车销量减少 33.8%，通用汽车销售下滑 15.6%，丰田汽车销量跌幅近 1/3。

金融摩擦的存在，使得资产价格通过金融加速器机制对实际经济产生十分重要的影响，同时也会导致资产价格的波动成为影响经济波动的独立变量。资产价格的剧烈波动不利于金融稳定和经济稳定。致力于经济稳定和金融稳定的货币政策最终目标应该将资产价格纳入货币政策目标。以资产价格为目标的货币政策可以维护经济和金融的稳定。

关于货币政策如何应对资产价格的波动，Bernanke 等（1999）、Mishkin 和 White（2002）认为要实现宏观经济稳定和金融稳定，灵活的通货膨胀目标准则就是最优货币政策。货币政策当局没有必要关注资产价格的波动，只要致力于稳定通货膨胀就可以实现金融稳定和宏观经济稳定的双重目标。Bean（2003）、Kohn（2006）也倾向于不干预政策立场。美联储副主席 Kohn（2006）则认为只有可以识别的资产价格泡沫才需要货币政策干预。Gruen、Plumb 和 Stone（2005）通过对不同情形下的最优货币政策规则模拟，持善意忽视的立场。Miskin 和 White（2002）通过对股市泡沫崩溃的考察，发现更多泡沫破灭多数没有引起金融恐慌。然而，2007 年爆发的金融危机告诉我们，仅仅致力于稳定通货膨胀无法实现对金融危机的控制。Cecchetti（2000）则认为货币政策应对资产价格的波动做出直接反应。Goodhart 和 Hofmann（2002）通过对欧元区 7 国的菲利普斯曲线估计，并对经济波动进行模拟，发现货币政策应对资产价格波动做出直接反应。同样，Kontonikas 和 Montagnoli（2006）也支持货币政策直接对资产价格泡沫做出反应。金融危机发生后，更多的经济学家开始支持货币政策干预资产价格波动。[①] Berger 和 Kibmer（2007）认为事前干预资产价格波动可以减少经济波动，会增加社会整体福利。鉴于资产价格波动可以衡量流动性，Alessi 和 Detken（2009），Gerdesmeier、Reimers 和 Roffia（2009）都强调将资产价格纳入货币政策，来对冲流动性过剩问题。Goodhart 和 Hofmannn（2000）认为将资产价格波动纳入货币政策可以改善货币政策的有效性。在资产价格选择上，Goodhart（2001）认为应将房地产价格而不是股票价格纳入货币政策。

因此考虑在 BGG 模型基础之上，将资产价格缺口引入政策目标函数来讨论最优货币政策问题。我们充分参考了文献 Woodford（2010），Schmitt-Grohe 和 Uribe（2010）的权威性表述。采用如下方法：将货币政策的目标效用函数采用二阶近似，对政策约束采用一阶近似的方法，将最优化问题转化为动态规划问题，求出最优问题的解。

五、基于资产价格波动的最优货币政策模型

最优货币政策属于规范分析，需要回答货币政策的最终目的问题，与此同时还要和货币政策的职能保持一致性。依据凯恩斯的传统，由于私人部门需求的不稳定，货币政策的职能是稳定总需求，而不是通过积极的货币政策来追求更多的就业和更高的产出。在认识货币政策职能的基础上，货币政策的目标有四方面：一是稳定的通货膨胀率；二是稳定的产出缺口；三是稳定的资产价格缺口；四是避免经济产生较大波动。

在模型中，货币政策目标由各期损失函数的现值之和表示。最优化的货币政策为货币政策目标损失最小化。一般情形下，损失函数表示为实际通货膨胀率与目标通货膨胀率偏差、产出缺口以及资产价格缺口的加权平方和。关于货币政策目标的确定要考虑如下两个问题：一是三者的相对权重；二是目标通货膨胀率的设定，以及潜在产出和潜在资产价格的确定。目标的主观设定使得对上述问题不容易在不同目标设计者之间达成一致。

[①] Cardarelli，Monacelli Rebucci 和 Sala（2008）；Haugh（2008）；Wadhwani（2008）；Papademos（2009）；林毅夫、李稻葵（2009）等。

Woodford（2001）给出了权威判断，基于损失函数的政策目标和基于效用最大化的政策目标是一致的。

（一）经济环境界定

随着金融市场的快速发展以及经济持续的增长，家庭的财富结构也发生了变化，家庭除了拥有货币以外还开始拥有资产比如房地产。家庭在购买资产时可以利用金融市场进行抵押贷款来购买，抵押存在信贷约束，资产的调整存在调整成本。家庭成员提供劳动获得收入，同时还可以获得政府的转移支付，家庭所拥有资产的价格上升也会给家庭带来收益。当然还要考虑家庭对抵押信贷的利息支付。企业遵循 Bernanke（1999）的思路，我们也把企业分为两类，中间产品生产企业和最终产品生产企业。中间生产企业生产产品需要资产①、资本和劳动。最终产品生产企业购买从中间生产企业手中购买中间产品，进行最终产品生产。最终产品市场是垄断竞争市场，企业对产品有一定的控制力，最终产品的价格由企业根据上期通货膨胀率进行 Calvo 式交错定价调整。政府采用引入资产价格缺口的泰勒规则调整来稳定总需求。

（二）模型具体设置

1. 家庭

我们将资产引入家庭效用函数，家庭最大化其一生效用：

$$E_0\{\sum_{t=0}^{\infty}\beta^t u[c_t(j),l_t(j),h_t(j),\frac{M_t(j)}{P_t}]\} \tag{4.33}$$

其中，β 为折现因子，c 为家庭消费量，l 为家庭劳动供给量，h 为家庭资产拥有量，$\frac{M}{P}$ 为家庭拥有的实际货币余额，$j\in[0,1]$ 代表不同的家庭。

具体的家庭效用函数形式我们参考 Iacoviello（2005）的家庭效用函数的设置。家庭最大化终生效用，具体如下：

$$E_0\sum_{t=0}^{\infty}(\beta)^t\mu_{c,t}[\log(C_t-\zeta C_{t-1})+\mu_{h,t}\log h_t-\frac{(L_t)^{\eta}}{\eta}+\chi\log(\frac{M_t}{P_t})] \tag{4.34}$$

---

① 此处的资产是指企业可以用于抵押且流动性较强的部分。

我们给出的家庭效用具体函数形式中，具体的变量如 c，l，h 和 $\frac{M}{P}$ 是可分的。考虑到家庭的消费惯性，我们把上期家庭消费也引入到函数中，其中，ζ 为消费惯性因子，η 为劳动供给弹性因子，χ 实际货币余额效用贡献度。

家庭预算约束为：

$$c_t + q_t \Delta h_t + \frac{R_{t-1} b_{t-1}}{\pi_t} = b_t + w_t L_t + F_t + T_t - \frac{\Delta M_t}{P_t} - \xi_t \qquad (4.35)$$

其中，c_t 为家庭 t 期的消费量，q_t 为 t 期资产价格，Δh_t 为新增资产数量，R_{t-1} 为 $t-1$ 期信贷利息率，b_t 为抵押贷款量，w_t 为 t 期实际工资，L_t 为 t 期家庭劳动供给量，F_t 为家庭 t 期的最终产品生产企业的红利分配，T_t 为政府对家庭在 t 期的转移支付量，央行对家庭的净货币转移支付 ΔM_t，π_t 为 t 期通货膨胀率，ξ_t 为 t 期家庭资产调整的成本。

资产调整成本取决于调整资产的比例和上期拥有的资产存量，资产调整成本的具体形式如下：

$$\xi_t = \varphi \left(\frac{h_t - h_{t-1}}{h_{t-1}} \right)^2 \frac{q_t h_{t-1}}{2} \qquad (4.36)$$

其中，φ 为资产调整成本参数。

由于家庭购买资产需要通过抵押信贷形式获得，因此，家庭必然要面对信贷约束，抵押信贷额不能超越资产预期值 m^f，家庭抵押信贷约束为：

$$b_t \leqslant m^f E_t \frac{(q_{t+1} h_t \pi_{t+1})}{R_t} \qquad (4.37)$$

2. 中间品厂商

中间品厂商利用资产、资本和劳动来进行生产安排，生产函数形式采取柯布—道格拉斯函数形式，具体生产函数形式为：

$$Y_t = A_t K_{t-1}^{\alpha} (h_{t-1}^i)^{\beta} L_t^{(1-\alpha-\beta)} \qquad (4.38)$$

其中，K_{t-1} 为 $t-1$ 期的资本存量，h_{t-1}^i 为 $t-1$ 期资产存量，L_t 为 t 期劳动投入。生产商利用上期的资本存量和资产存量以及本期劳动投入来安排生产。

中间品厂商最大化其一生效用：

$$E_0 \sum_{t=0}^{\infty} (\beta^i)^t \log c_t^i \qquad (4.39)$$

依据 Bernanke（1999）的设定思想，中间品厂商将中间品以价格 P_t^i 销售给最终产品生产者，最终产品生产者利用中间产品生产最终产品并以加成价格 P_t 销售，$P_t = X_t P_t^i$，X_t 为价格加成比率，表示中间品的替代程度。中间品厂商面临的预算约束为：

$$\frac{Y_t}{X_t} + b_t^i = c_t^i + q_t (h_t^i - h_{t-1}^i) + \frac{R_{t-1} b_{t-1}^2}{\pi_t} + w_t L_t + I_t + \xi_t^h + \xi_t^k \qquad (4.40)$$

其中，资产调整成本 ξ_t^h 和资本调整成本 ξ_t^k 分别为：

$$\xi_t^h = \varphi_h^i (\frac{h_t^i - h_{t-1}^i}{h_{t-1}^2})^2 \frac{q_t h_{t-1}^i}{2} \qquad (4.41)$$

$$\xi_t^k = \varphi_k^i (\frac{I_t}{K_{t-1}})^2 \frac{K_{t-1}}{2\delta} \qquad (4.42)$$

其中，φ_h^i 为资产调整参数，φ_k^i 为资本调整参数，δ 为折旧率。

资本更新过程为：

$$I_t = K_t - (1-\delta) K_{t-1} \qquad (4.43)$$

同家庭面临的抵押信贷约束类似，中间品商的预算约束为：

$$b_t^i \leqslant m^i E_t \frac{(q_{t+1} h_t^i \pi_{t+1})}{R_t} \qquad (4.44)$$

其中，m^i 为资产预期值。

3. 最终产品零售商

采取标准做法，将价格黏性引入到模型中，在最终品市场是垄断竞争市场。$Y_t(z)$ 表示零售商 z 的产量，$P_t(z)$ 表示产品名义价格。最终总产品 Y_t^f 是零售产品的复合产品：

$$Y_t^f = \left[\int_0^1 Y_t(z)^{\frac{\varepsilon-1}{\varepsilon}} dz \right]^{\frac{\varepsilon}{\varepsilon-1}} \qquad (4.45)$$

其中，$\varepsilon > 1$。对应的价格指数为：

$$P_t = \left[\int_0^1 P_t(z)^{1-\varepsilon} \right]^{\frac{1}{1-\varepsilon}} \qquad (4.46)$$

为引入价格黏性，遵循 Calvo（1983）的做法，每一期随机产生 $1-\theta$ 概率的零售商进行价格自由调整，最优调整价格为 P_t^*，此时需求为 $Y_t^*(z)$。零售商 z 选择价格，以最大化利润现值：

$$\sum_{k=0}^{\infty} \theta^k E_{t-1} \left[\Lambda_{t,k} \frac{P_t^* - P_t^i}{P_t} Y_{t+k}^*(z) \right] \tag{4.47}$$

其中，贴现率 $\Lambda_{t,k}$ 是家庭的边际跨期替代率，$\Lambda_{t,k} \equiv \beta \dfrac{C_t}{C_{t+k}}$，零售商将其视为给定值。

将零售商利润目标函数关于最优价格 P_t^* 求导，得到关于最优价格一阶条件：

$$\sum_{k=0}^{\infty} \theta^k E_{t-1} \left\{ (\Lambda_{t,k} \frac{P_t^*}{P_t})^{-\varepsilon} Y_{t+k}^*(z) \left[P_t^* - (\frac{\varepsilon}{1-\varepsilon}) P_t^i \right] \right\} = 0 \tag{4.48}$$

最终产品价格调整过程服从 Calvo 定价过程，具体形式：

$$P_t = \left[\theta P_{t-1}^{1-\varepsilon} + (1-\theta)(P_t^*)^{1-\varepsilon} \right]^{\frac{1}{1-\varepsilon}} \tag{4.49}$$

其中，P_t^* 满足上式最优价格一阶条件。将上述两式合并，并进行对数线性化处理，得到菲利普斯曲线：

$$\pi_t = \beta E_t \pi_{t+1} - k x_t + u_t \tag{4.50}$$

其中，$k = \dfrac{(1-\theta)(1-\beta\theta)}{\theta}$。

4. 货币政策当局

货币政策当局依据泰勒规则，选择名义率。将所有变量表示成偏离稳态值的对数形式，该规则表达为：

$$r_t = \rho_r r_{t-1} + \rho_\pi \pi_t + \rho_q q_t + \rho_y y_t + \varepsilon_{r,t} \tag{4.51}$$

其中，π_t 为通货膨胀率，q_t 为资产价格变动率，y_t 为产出缺口，参数 ρ_i 为弹性。

5. 宏观冲击过程

技术冲击 z_t 变化过程为：$z_t = \rho_z z_{t-1} + \varepsilon_{z,t}$ $\tag{4.52}$

需求冲击 a_t 变化过程为：$a_t = \rho_a a_{t-1} + \varepsilon_{a,t}$ $\tag{4.53}$

供给冲击 θ_t 变化过程为：$\theta_t = \rho_\theta \theta_{t-1} + \varepsilon_{\theta,t}$ $\tag{4.54}$

资产价格冲击 q_t 变化过程为：$q_t = \rho_\theta q_{t-1} + \varepsilon_{\theta,t}$ (4.55)

（三）模型均衡及稳态

由于各个微观主体的行为都是基于最优化，在上述方程满足的情形下，各个市场均出清，模型达到一般均衡。市场出清保证各个市场均衡。

（四）最优货币政策

存在拥有资产的家庭一生效用函数的二阶近似为：

$$U = -\frac{1}{2} E_0 \left(\sum_{t=0}^{\infty} \beta^t L_t \right) \tag{4.56}$$

其中的 t 期损失函数是产出缺口平方、通货膨胀率平方和资产价格缺口平方的加权和，即：

$$L_t = \lambda_1 \left(y_t \right)^2 + \lambda_2 \left(\pi_t \right)^2 + \lambda_3 \left(\hat{q}_t \right)^2 \tag{4.57}$$

在消费跨期一阶条件，物价调整方程以及资产价格调整方程的约束下求出最优货币政策，得到解析解。

第五章　资产价格波动与宏观经济的关系
——基于中国住房价格波动

第一节　引　言

过去几十年里，我们观察到发达国家、新兴国家和地区的资产价格剧烈波动给宏观经济带来的严重影响，尤其是 2007 年至 2008 年发生在美国的金融危机，使得全球大多数中央银行在制定货币政策时开始关注资产价格的波动，特别是房地产价格的变化。在众多影响资产价格波动的因素中，宏观经济状况和货币政策立场被认为是资产价格波动的关键因素（Shigemi，1995；Hutchison，1994；Bernanke 和 Gertler，1999）。货币政策决策者应该考虑将资产价格纳入整体战略框架下，以应对资产价格的变化和宏观经济冲击对资产价格的影响。

本章将利用我国的宏观经济数据，建立向量自回归模型 VAR 来分析房地产价格波动对宏观经济变量的结构性冲击。随着 1998 年中国开始的住房制度改革和城市化进程的加快，加上中国财政政策的积极支持，房地产市场快速发展。私人部门的净资产以房产的形式占据较大部分，房屋财富的总价值超过国内生产总值。以房地产为代表的资产价格变化会影响社会消费支出，或者通过信贷约束形式影响消费和生产。实证模型的传导机制可以描述和控制这些影响。例如，如果我们相信信贷约束和财富净值的变化在经济冲击和传播中扮演重要角色，我们就可以将房地产价格放入 VAR 中，以便更好地刻画宏观经济对冲击的动态响应。

主要结论总结如下：不利的货币冲击对房地产价格产生相当大的负面影响。房地产价格的变化响应了产出变化，方差分解显示，在短期内，需求冲击和货币政策冲击是推动房价波动的重要因素。

本章安排如下：第二部分介绍使用的研究分析框架；第三部分描述的是样本的选取和基本统计特征；第四部分是主要实证结果，鉴于这些实证结果探讨货币政策与房价之间的关系；第五部分使用估计的结构性冲击来解释资产价格变动情形下的宏观经济波动；第六部分是结论和政策建议。

第二节　研究分析框架描述

我们观察到在过去的十几年里，房地产价格一直保持上升的趋势。伴随着这种趋势，房地产价格也围绕着经济周期波动。针对这一趋势，在进行宏观经济波动解释时，就要把这一现象考虑进来满足对现实的解释。

近年来，绝大多数关于货币政策和实际经济活动的实证研究采用向量自回归（VAR）框架。用向量自回归 VAR 框架估计名义变量对经济的影响，是由 Sims（1972，1980）首先创立的。1972 年创立时针对的是二元，1980 年时开始应用到三元，Sims（1996）通过对理论文献的总结和实证文献的梳理，对该方法进行了发展，从三元拓展到更大的系统。

一、向量自回归（VAR）原理

下面我们对 VAR 原理进行简单介绍。现在我们考虑一个二元系统，设定 y_t 为实际经济活动变量，比如产出对数；x_t 为货币政策变量，比如短期利率。则 *VAR* 系统可以描述为：

$$\begin{bmatrix} y_t \\ x_t \end{bmatrix} = A(L) \begin{bmatrix} y_{t-1} \\ x_{t-1} \end{bmatrix} + \begin{bmatrix} u_{yt} \\ u_{xt} \end{bmatrix} \tag{5.1}$$

其中，$A(L)$ 为 2×2 的矩阵，L 表示滞后算子；左边第二项是随机冲击向量。这些冲击向量又可以表示为政策冲击 e_{xt} 和实际变量冲击 e_{yt} 的线性组合，具体形式如下：

$$\begin{bmatrix} u_{yt} \\ u_{xt} \end{bmatrix} = \begin{bmatrix} e_{yt} \\ e_{xt} \end{bmatrix} \begin{bmatrix} e_{yt} + \theta e_{xt} \\ \eta e_{yt} + e_{xt} \end{bmatrix} = \begin{bmatrix} 1 & \theta \\ \eta & 1 \end{bmatrix} \begin{bmatrix} e_{yt} \\ e_{xt} \end{bmatrix} = \Omega \begin{bmatrix} e_{yt} \\ e_{xt} \end{bmatrix} \tag{5.2}$$

我们可以看出误差是由政策冲击和产出冲击共同作用引起的，比如 u_{yt} 就等于 $e_{yt} + \theta e_{xt}$，估计实际变量 y_t 产生的误差就为 u_{yt}，即 $e_{yt} + \theta e_{xt}$。

随机变量 e_{xt} 表示外生的政策冲击。若是要评估政策在导致产出或其他宏观实际变量变动中的影响，就需估计政策冲击对这些变量的效应。只要 η 不等于 0，观察政策变量 x_t 的修正值就有政策冲击和实际产出冲击共同作用。若 η 等于 0 我们就无法得出估计指标。

进一步说明政策反应的效果，我们将上述两式合并 VAR，改写为如下形式：

$$\begin{bmatrix} y_t \\ x_t \end{bmatrix} = \begin{bmatrix} a_1 & a_2 \\ 0 & 0 \end{bmatrix} \begin{bmatrix} y_{t-1} \\ x_{t-1} \end{bmatrix} + \begin{bmatrix} u_{yt} \\ u_{xt} \end{bmatrix} \tag{5.3}$$

其中，$0 < a_1 < 1$。

解得：

$$x_t = u_{xt}$$

$$y_t = \sum_{i=0}^{\infty} a_1^i u_{yt-i} + \sum_{i=0}^{\infty} a_1^i a_2 u_{xt-i-1}$$

对式（5.1）进行估计得到 $A(L)$ 和 $\sum u$ 的估计值，然后计算政策修正误差 u_{xt} 对实际经济变量时间序列 $\{y_t, y_{t+1}, y_{t+2}, \cdots\}$ 的效应。如果我们视 u_{xt} 为外生的政策干扰，则实际经济变量时间序列对政策干扰的反应就是：

$$0, a_2, a_1^1 a_2, a_1^2 a_2, \cdots$$

当我们要估计政策冲击对实际经济变量的影响时，就需要估算 e_{xt} 对实际经济变量时间序列的反应。就需要利用式（5.2）来计算，得到的冲击反应为：

$$\theta, a_1 \theta + a_2, a_1 (a_1 \theta + a_2), a_1^2 (a_1 \theta + a_2), \cdots$$

关于 VAR 约束识别问题，采取对矩阵 Ω 附加约束，将可观测的 VAR 残差与基础的结构性干扰联系。具体做法为假如政策冲击对产出的言行存在时滞，那么附加 $\theta=0$ 的约束就可以使模型中的参数得到识别。还有一种方法为在长期效应上设置约束，来解决识别问题。即通过理论上的合理性来进行设置，比如从长期来看货币政策对实际经济变量不具有长期持久效应，因此可以设置 $\theta=a_2$ 来解决识别问题。

我们需要注意的是，在上述讨论中我们一直视为 y 和 x 视为纯量。事实上，这一假设存在质疑。但通常来讲，我们只考虑政策对宏观经济变量的影响，所以认为 y 是一个非政策变量构成的向量。政策变量 x 一般情形下也不是简单的纯量，通常我们对 x 的使用要考虑政策措施和非政策的干扰程度。在政策执行程序上要定义 x 的实际内容，比如是货币供应量还是利率等要给出具体的定义，同时还要清楚非政策干扰对 x 的影响。

二、格兰杰因果关系的检验

对于 VAR 的另一个问题是一些变量在预测另一些变量时的有用程度如何。这一问题由格兰杰（1969）年提出。一个变量 y 能否用于估计另一个变量 x。如果可以，就可以说 y 能格兰杰引起 x。关于时间序列 y 能否格兰杰引起 x 的经济计量检验，最适宜的方法是假设一个特定的自回归滞后 P 且用 OLS 来估计：

$$x_t=c_1+\alpha_1 x_{t-1}+\alpha_2 x_{t-2}+\cdots+\alpha_p x_{t-p}+\beta_1 y_{t-1}+\beta_2 y_{t-2}+\cdots+\beta_p y_{t-p}+\mu_t$$

然后我们关于零假设：

$$H_0:\beta_1=\beta_2=\cdots=\beta_p=0$$

运用 F 检验。得到残差平方和：

$$RSS_1=\sum_{t=1}^{T}\hat{\mu}_t^2$$

再将此结果与 x_t 的单元自回归残差平方和 $RSS_0=\sum_{t=1}^{T}\hat{e}_t^2$ 相比较，其中 $x_t=c_1+\alpha_1 x_{t-1}+\alpha_2 x_{t-2}+\cdots+\alpha_p x_{t-p}+e_t$。

如果 $S_1=\dfrac{(RSS_0-RSS_1)/P}{RSS_1/(T-2p-1)}$ 的值最终大于 $F(p,T-2p-1)$ 分布的 5% 临界

值，我们就拒绝 y 不能格兰杰引起 x 的零假设；也即，如果 S_1 足够大，我们就认为 y 能格兰杰引起 x。

另外也需注意到，上述判断是在确定回归量和高斯分布的假定下，上式具有精确的 F 分布，当存在滞后因变量，检验只能是渐近有效。格兰杰因果关系并非真正意义上的因果关系。它只是一种动态的相关关系，表明的是一个变量能否对另一个变量具有预测能力。

三、VAR 模型的估计和解释

（一）VAR 模型估计

该模型通常采用 OLS 或极大似然估计，估计之前要确定滞后阶数，如果滞后阶数太短，误差项的自相关就比较严重，导致参数估计值存在不一致性；一般情形下，选择加大滞后阶数，消除自相关性，但滞后阶数过大，就会带来估计参数过多，引起模型参数估计的有效性下降，所以要谨慎选择滞后阶数。一般情形下利用 AIC 和 SC 准则确定最适宜阶数。选取原则为在增加滞后阶数的过程中选取 AIC 和 SC 最小值处的滞后阶数。

当然，在确定滞后阶数之前，要检验模型的平稳性。模型的稳定性是指模型中的一个方程的误差项在遭受外部一个脉动冲击后，随着时间的推移影响会逐渐消失，那么该系统就是稳定的。具体条件是要求滞后项对应的特征根倒数在单位圆内。

（二）VAR 模型解释

由于 VAR 模型自身的特征决定了单个参数估计值的经济解释意义不大，通常情形是通过观察模型的脉冲响应函数和方差分解来进行讲解解释。具体的做法是利用脉冲响应函数来描述模型系统的内生变量对误差冲击的响应；方差分解是通过分析不同结构冲击对内生变量方差变化的贡献度来评价每一个结构冲击的重要程度。

脉冲响应函数是用来测度当模型系统受到外部冲击时，该冲击对内生变量的当期和未来值的影响程度，脉冲函数刻画的是在扰动项上施加一个标准差大小的冲击对内生变量的影响程度。

方差分解是用来测度随机扰动项的重要程度，具体做法参看 Sims

（1980）。方差分解的目的就是找出每一个扰动项的相对贡献率（Relative Variance Contribution，RVC）。RVC 可以表述为如下形式：

$$RVC_{j \to i(s)} = \frac{\sum_{h=1}^{s-1} [c_{ij}^{(h)}]^2 \sigma_{ij}}{Var(y_{ij})}$$

从表达式可以看出，$0 \leqslant RVC_{j \to i(s)} \leqslant 1$，且 $\sum_{j=1}^{k} RVC_{j \to i(s)} = 1$，$RVC_{j \to i(s)}$ 取值越大，就意味着第 j 个扰动项对第 i 个内生变量的影响越大。

第三节　样本数据的选取和基本分析

一、样本的选取

为检验房地产价格与宏观经济波动的关系，我们选取产出、货币供应量、消费价格、房地产价格和名义短期市场利率建立变量系统。

我们用实际 GDP 增长率 y 来代表产出，M_2，CPI，HP，i 分别为货币供应量、消费价格、房地产价格和名义短期市场利率。数据来自中经网数据库，原始数据中除了实际 GDP 增速为季度数据外，其他均为月度数据，依据标准做法，我们将月度数据转化为季度数据。

（1）关于实际 GDP 增长率原始数据提供的是国内实际增速累计，数据为季度数据，时间区间为 1998 年第 1 季度到 2012 年第 1 季度，有效值 56 个。

（2）广义货币供应量 M_2 为货币和准货币（M2）_月末数，数据为月度数据，我们将利用数据间的同比关系，将货币供应量增长率的数据转化为同一基期的水平值，再利用数据的季度月末数据除以季度首月份数据，得到季度增长率，得到有效值为 56。

（3）通货膨胀率给出的是居民消费价格指数（上年 = 100）_当月值，

数据同样为月度数据，由于数据是同比数据也要利用上述方法将居民消费价格指数月度数据转化为季度数据，再将居民消费价格指数季度数据减 1 转化为 CPI 季度数据。

（4）房地产数据我们采用房地产销售价格指数_ 当月数据作为数据指标，原始数据为月度数据，将其转化为季度数据。

（5）名义短期市场利率我们使用银行间同业拆借加权平均利率_ 当月数来作为替代变量，同样原始月度数据转化为季度数据。

考虑到季节因素，我们将数据进行季节调整，分离出季节成分。利用 X-12 方法进行季节调整。经过处理后的变量房地产价格、实际 GDP 增长率、利率、货币供应量增长率、消费品价格指数分别用 hp，y，i，m，cpi 表示。

二、样本变量基本的统计描述

在五个变量中，从 1998 年第 1 季度到 2012 年第 1 季度，利率波动最小，标准差仅为 1.30；实际 GDP 增长率波动较小，标准差约为 1.92；房地产价格波动剧烈，标准差达到约为 14.67；衡量货币供应量波动的标准差约为 3.69；消费价格变动标准差为 2.58（见表 5-1）。

表 5-1　各变量基本统计特征

变量	观测值数量	均值	标准差	最小值	最大值
hp	56	111.1441	14.67329	79.54768	150.3471
y	56	9.94136	1.919164	6.767692	14.40013
i	56	2.591445	1.302435	0.853256	8.390389
m	56	17.11175	3.687886	12.47443	28.89941
cpi	56	101.7992	2.584924	97.93163	108.0514

三、变量的平稳性检验

首先我们从图 5-1 可以大致看出房价指数是非平稳的，为了进一步判断，我们采用 DF 检验，检验结果如表 5-2 所示。观察表 5-2 我们看到，DF 的统计量为-2.374，大于-2.598，所以可以在 10% 的水平上无法拒绝存在单位根的原假设。通过检验表明，在 10% 的水平上拒绝中国房价指数时间序列为平稳序列的原假设，我们可以认为中国房价指数序列存在单位根。

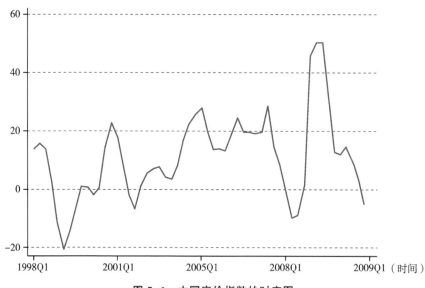

图 5-1　中国房价指数的时序图

表 5-2　房价指数平稳性检验结果

Dickey-Fuller test for unit root				Number of obs ＝ 55
			Interpolated Dickey-Fuller	
	Test Statistic	1% Critical Value	5% Critical Value	10% Critical Value
z(t)	-2.374	-3.573	-2.926	-2.598

Mackinnon approximate p-value for z(t)= 0.1492.

由于检验的证据证明支持中国房价指数时间序列为非平稳序列，因此，进一步检验中国房价指数时间序列一阶差分之后的 dHP 时间序列的平稳性，对一阶差分后的中国房价指数时间序列进行检验，检验结果如

表 5-3 所示。

表 5-3 一阶差分后的房价指数平稳性检验结果

Dickey-Fuller test for unit root				Number of obs = 54
			Interpolated Dickey-Fuller	
	Test Statistic	1% Critical Value	5% Critical Value	10% Critical Value
z(t)	-4.602	-3.574	-2.927	-2.598

Mackinnon approximate p-value for z(t)= 0.0001.

从表 5-3 可以发现，检验统计量 DF 的统计值为 -4.602，小于 1% 的临界值（-3.574），所以我们可以不拒绝平稳过程的原假设。一阶差分后的中国房价指数时间序列不存在单位根，不拒绝平稳序列假设。综上所述，我们可以认为中国房价指数时间序列 HP 为一阶单整 I(1) 过程。

然后我们对其余时间序列变量（实际 GDP 增长率、利率、货币供应量增长率、消费品价格指数）分别进行平稳性检验，检验结果如表 5-4。

表 5-4 其他时间序列平稳性检验结果

Dickey-Fuller test for unit root						Number of obs = 56
				Interpolated Dickey-Fuller		
Variable		Test Statistic	1% Critical Value	5% Critical Value	10% Critical Value	MacKinnonapproximatep-value for Z(t)
y	Z(t)	-1.917	-3.572	-2.925	-2.598	0.3242
i	Z(t)	-7.232	-3.573	-2.926	-2.598	0.0000
m	Z(t)	-1.549	-3.573	-2.926	-2.598	0.5090
cpi	Z(t)	-1.525	-3.573	-2.926	-2.598	0.5210

从表 5-4 我们可以看出，除利率（i）外其他时间序列均不能通过平稳过程检验，存在单位根，这些序列为非平稳序列。对这些变量进行一阶

差分后，再进行平稳性检验，检验结果如表5-5。

表5-5　宏观经济变量时间序列平稳性检验结果

Dickey-Fuller test for unit root					Number of obs = 56	
			——— Interpolated Dickey-Fuller ———			
Variable		Test Statistic	1% Critical Value	5% Critical Value	10% Critical Value	MacKinnonap proximatep-value for Z(t)
y	Z(t)	−6.283	−3.573	−2.926	−2.598	0.0000
m	Z(t)	−3.845	−3.574	−2.927	−2.598	0.0025
cpi	Z(t)	4.159	3.574	2.927	2.598	0.0008

依据检验结果可以看出，差分后的时间序列在1%上不拒绝平稳过程原假设，不存在单位根，时间序列为平稳性时间序列。这些时间序列为一阶单整 I(1) 过程。

四、变量滞后长度确定

我们先确定 VAR 中滞后长度，确定滞后长度主要有 F 统计量方法和信息准则两种方法。由于所比较模型数量较多，F 统计量方法会生成过大模型，存在实际滞后阶数高估的风险。在这里我们采用信息准则方法来确定滞后阶数。具体做法为求解使 VAR 中的 AIC 或 BIC（p）最小化的那个估计 p。

利用 STATA11.0 估计该 VAR 模型的阶数。根据信息准则，当 p=1 时 SBIC 最小，而 AIC 最小时 p 取值为 3，在二者不一致时我们观察到 "FPE" 在 p=2 时最小，"FPE" 是度量向上一期预测的均方误差。因此我们取滞后阶数为 3。

五、脉冲响应函数考察

在考察脉冲函数之前我们先利用 STATA 11.0 估计三阶向量自回归模型。估计结果显示，大多数系数显著，如表5-6所示。

表 5-6　向量自回归表

Equation	Parms	RMSE	R-sq	chi2	p>chi2
dhp	16	6.94299	0.6423	93.37474	0.0000
dy	16	0.711443	0.5358	60.02181	0.0000
dM	16	1.16923	0.6968	119.4767	0.0000
dcpi	16	0.834948	0.6295	88.36062	0.0000
i	16	0.24406	0.9082	514.5692	0.0000

　　接着我们对各阶系数进行联合显著性检验，检验结果显示无论是单一方程还是作为整体，各阶系数均显著，如表 5-7 所示。

表 5-7　系数显著性检验

Equation：All

lag	chi2	df	Prob>chi2
1	177.9956	25	0.000
2	86.6546	25	0.000
3	85.31439	25	0.000

　　下面我们对残差进行检验，判断他们是否存在自相关（见表 5-8）。

表 5-8　残差检验

Lagrange-multiplier test

lag	chi2	df	Prob>chi2
1	28.9012	25	0.26807
2	23.4603	25	0.55070

H0：no autocorrelation at lag order.

　　如表 5-8 所示，不拒绝残差无自相关的假设。我们接着进行平稳性检验，观察该 VAR 系统是否为平稳过程，检验结果见表 5-9。

表 5-9　VAR 系统平稳性检验结果

Eigenvalue stability condition

Eigenvalue		Modulus
0. 8023119 +	0. 4598898 i	0. 924772
0. 8023119 −	0. 4598898 i	0. 924772
0. 511485 +	0. 7310596 i	0. 892225
0. 511485 −	0. 7310596 i	0. 892225
−0. 6308623 +	0. 5178462 i	0. 816181
−0. 6308623 −	0. 5178462 i	0. 816181
0. 6879396 +	0. 2321633 i	0. 726058
0. 6879396 +	0. 2321633 i	0. 726058
−0. 6891746		0. 689175
0. 4849453 +	0. 4577141 i	0. 666839
0. 4849453 +	0. 4577141 i	0. 666839
−0. 2705952 +	0. 5506861 i	0. 613577
−0. 2705952 −	0. 5506861 i	0. 613577
−0. 3609919		0. 360992
−0. 1387851		0. 138785

All the eigenvalues lie inside the unit circle.

VAR satisfies stability condition.

　　根据图 5-2，VAR 系统满足平稳性条件，所有特征根均在单位圆内，我们认为此 VAR 系统是平稳的。我们对其进行格兰杰因果关系检验，整体来看，无论是哪一个作为被解释变量，其 p 值均小于 0.01，故它们互为格兰杰原因。具体到每个变量之间我们可以看到，房地产价格指数可以由产出增长率互为格兰杰因果关系；货币供给量变化率与产出增长率互为格兰杰因果关系，房地产价格是价格指数的格兰杰原因。

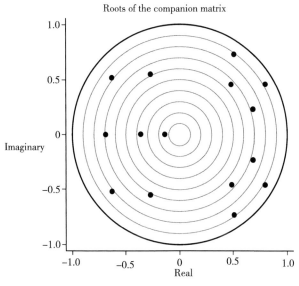

图 5-2　VAR 系统稳定图

第四节　模型实证结果与分析

一、变量间的脉冲响应分析

我们对脉冲响应函数进行观察，结果如图 5-3 所示，首先我们重点观察宏观经济变量对房地产价格冲击。图 5-3 中第一行的中间图形显示，当货币供应量有一个正向的冲击时，房地产价格开始上升，2 期之后出现响应开始加大，在 4 期达到峰值，在此之后冲击效应逐渐消退，房地产价格回落至初始值。

其次我们来观察消费品价格指数变化对房地产价格的影响，期初在消费品价格给予正向冲击时，房地产价格出现向上的价格响应，在 1 期之后就开始消退，在 2 期之后房地产价格出现向下移动，价格低于初始值，多

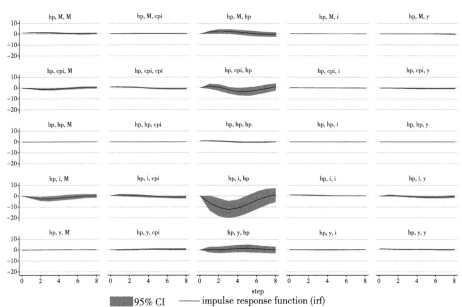

图 5-3　VAR 脉冲响应图

期之后价格才又回到初始状态。原因可能是由于消费品价格上涨带来的收入和替代效应作用导致。在期初，替代效应大于收入效应引起房地产价格的上升，随机私人部门发现实际收入降低，因此引起房地产需求下降，带来房地产价格的下跌。

我们再观察利率变化对房地产价格的冲击，当利率突然出现正向变化时，对房地产的影响非常明显，房地产价格随即就出现一个快速的下降，并在第 3 期达到谷值。然后开始缓慢地上升，大约在 8 期之后恢复至初始值。

我们在第五行中间产出变化脉冲的房地产价格响应图，可以看出产出变化的冲击对房地产价格影响较为复杂，期初房地产价格面对产出变化正向冲击时，上升幅度较小且时期较短，在第 2 期就恢复至初始值，接着又开始上升，这一上升趋势保持时间较长一直到第 8 期才又恢复至初始状态，可以看出随着产出的增加，房地产业开始被拉动进入繁荣阶段，初期产出对房地产产生短期的拉动效应，随着收入提高总需求开始增加，对房地产的需求开始增加，最终需求的拉动带来了房地产价格的持续走强。

最后我们来考察房地产价格正向冲击对宏观经济的影响，我们把目光放在第三行上，首先观察房地产价格冲击对货币供应量变化的影响，我们从第3行第一幅图上可以看出，房地产价格有一个正的冲击时，货币供应量变化率几乎没有变化，也就是说，房地产价格变化的正向冲击对货币供应量近似没有影响。其次我们来观察该行第二幅图，房地产价格有一个正向冲击时，消费价格指数没有发生变化，房地产价格变化冲击对消费价格指数几乎没有影响，消费价格指数对房地产价格正向冲击的没有响应。再次观察第四幅图的变化，我们可以看出，该图上的响应趋势线一直与零平行线重合，也就是说，利率面对房地产价格正向冲击时，利率不做响应，房地产价格的正向冲击对利率的影响近似为零。最后我们看房地产价格一个正向冲击产出的脉冲响应图，从图上观察到，脉冲响应近似为零，房地产价格的一个正向冲击对产出影响几乎可以忽略不计。

　　通过对上面的脉冲响应图的观察分析，我们可以得出如下的结论：宏观经济变量的正向冲击对房地产的价格变化都会产生大小不同的影响，其中，利率的冲击对房地产价格的变化影响最为明显。房地产价格的正向冲击对宏观经济变量不产生影响，换句话说，房地产价格的变化不能够在其他宏观经济变量上反映出来，这就表明在我国的房地产市场上也存在金融摩擦，房地产市场不符合 MM 定律描述的完美市场和经济学家尤金·法玛（Eugene F. Fama）所定义的有效市场，在这种情形下就要求货币政策的决策者关注房地产市场价格的变化。通过以上的描述分析我们可以看出我国的房地产市场存在金融摩擦，货币政策的制定者如果仍只关注传统意义上的目标通货膨胀和产出缺口，货币政策只对目标通货膨胀和产出缺口响应而忽视房地产价格的变化，就会出现房地产价格泡沫，当泡沫风险累积到足够大时，随着泡沫的破裂就会给经济带来巨大的伤害，经济将陷入严重的衰退。因此，基于中国房地产市场的特征要求中国人民银行制定货币政策时就要关注房地产价格的变化。应对房地产价格变化，央行是采取数量型货币政策工具还是价格型货币政策工具。央行在货币政策工具选择上就要考虑政策工具的效果，根据上面的脉冲响应分析，货币供给量对房地产价格影响弱于利率对房地产价格的影响，因此央行在对冲房地产价格风险上，应考虑优先使用价格型货币政策工具。

二、变量间的协整和共同趋势分析

在前面的分析中，我们尚未进行经济变量间的协整分析，也没有区分持久冲击和暂时冲击。

接下来我们对经济变量间的协整关系进行分析，然后区分模型中的持久冲击和暂时冲击影响。对于变量间的协整关系的考察，我们先要从理论上考虑变量间的长期均衡。我们先分析货币供应、产出和利率之间的长期均衡关系，根据 Gali（1992）的观察，央行会利用货币政策来避免产出波动引起的名义变量不稳定，因此，产出、货币供应量和利率之间长期存在共同的趋势。Coenen 和 Vega（1999），Ericsson（1998）指出，货币供应量和产出及利率之间的联系通过央行维持流动性来体现，长期观察来看，三者之间存在长期均衡关系。关于通货膨胀和利率之间的关系，理论上我们认为实际利率是平稳的，利率和通货膨胀率通过修正的费雪进行联系，即 $i_t=\mu+\pi_t+\varepsilon_t$。产出和房地产价格之间从长期来看应该也存在均衡。Poterba（1984）认为，如果长期房地产供应曲线和其他商品供应曲线都是完全弹性，长期来看，房地产价格应由房地产的成本决定。即使存在决定房地产成本的因素存在固定供应，诸如土地、建筑工人数量以及木材等限制，在生产可能性边界内不会有泡沫的存在。换句话说，由于产出和生产可能性边界之间的联系，我们预期房地产价格和产出之间存在协整关系。

我们将长期均衡关系总结如下：

AB＝0

其中，

$A = \begin{bmatrix} y & m & hp & i & cpi \end{bmatrix}$

$$B = \begin{bmatrix} -b_y & -\tau & 0 \\ 1 & 0 & 0 \\ 0 & 1 & 0 \\ b_i & 0 & -1 \\ 0 & 0 & -1 \end{bmatrix}$$

第一行描述的是货币供应量和利率以及产出之间的关系，即 $m_t = b_y y_t - b_i i_t$；第二个长期联系是产出和房地产价格，即 $hp_t = \tau y_t$；最后一个是利率表达式。

（一）协整分析

我们对上述五个变量三个理论关系式进行协整检验，检验的方法是遵循 Johansen（1988）和 Juselius（1990）提出的检验方法进行变量间的协整检验，即通常所说的 JJ 检验。我们对房地产价格与产出之间进行协整分析。变量 $hp_t \sim I(1)$ $y_t \sim I(1)$，考虑方程 $hp_t = \beta_0 + \beta_1 y_t + \varepsilon_t$，则 $\varepsilon_t = hp_t - \beta_0 - \beta_1 y_t \sim I(0)$，且 $E(\varepsilon_t) = 0$，可以认为变量 hp_t 和 y_t 是（1，1）阶协整的，即 $hp_t, y_t \sim CI(1,1)$ 且协整向量为（1，$-\beta_0$，β_1），这一线性组合代表了两个变量间的长期均衡关系。

对变量间协整关系的分析中最关键的表述为格兰杰表述定理，根据该定理，如果房地产价格和产出之间是协整的，则二者之间必然存在长期均衡关系。虽然在短期内二者之间可能不存在均衡关系，但这种不均衡关系通过误差修正来确保长期均衡关系的存在，房地产价格和产出之间短期的不均衡关系可以使用误差修正模型来表述，即所谓的 DHSY 模型。

联系房地产价格和产出的短期和长期行为的误差修正模型，可以由下式予以表述：

$$\Delta hp_t = lagged(\Delta hp_t, \Delta y_t) - \lambda \varepsilon_{t-1} + v_t$$

其中，$0 < \lambda < 1$，$hp_t \sim I(1)$ $y_t \sim I(1)$；$\varepsilon_t = hp_t - \beta_0 - \beta_1 y_t \sim I(0)$；$v_t$ 为白噪声；λ 为短期调整系数，用来描述误差的修正速度；$lagged$ 表示滞后项。

同样，我们可以进行其他变量间的协整分析和建立误差修正模型，用来分析变量之间的长期和短期冲击。

（二）VECM 模型实证结果

首先我们确定变量之间的协整秩，考察系统存在线性无关的协整向量个数。根据向量组的特征我们选择不包含常数项的协整秩迹检验，检验结果显示，存在两个线性无关的协整向量。通过最大特征根检验也在 5% 的显著性水平拒绝协整秩为 0，1 的原假定，但无法在 5% 的显著性水平上拒绝 2 的原假设。

其次我们确定该 VECM 的滞后阶数。遵从恩德斯[1]（2006）的建议，利用对应的 VAR 来确定滞后阶数。依据 AIC 准则，选择滞后三阶。确定了 VECM 的协整秩和系统的滞后阶数后，我们使用 Johnson 的 MLE 方法估计这一系统的向量误差修正模型（VECM），利用 STATA 11.0 我们得到关于房地产价格的误差修正模型。

首先利用 Johansen normalization 方法得到两个误差修正项 $ECM1$ 和 $ECM2$，即宏观经济变量间长期均衡关系：

$$ECM1 = \log hp_t - 0.44\log y_t + 2.26\log cpi_t + 0.11i_t - 14.39 \qquad (5.4)$$

$$ECM2 = -6.66\log hp_t + \log M_t + 1.44\log y_t - 27.51\log cpi_t - 0.015i_t + 121.03$$

$$(5.5)$$

我们对各个变量的误差修正模型进行考察。

关于房地产价格变化的误差修正模型，将 $ECM1$ 和 $ECM2$ 的表达式代入自回归模型中的参数估计值得：

$$-0.32ECM1 + 0.028ECM2 = -2.18\log hp_t + 0.028\log M_t + 1.582\log y_t -$$
$$1.49\log cpi_t - 0.03542i_t + 7.989$$

结合变量自回归模型中房地产价格变化差分表达式方程和上述 $ECM1$ 和 $ECM2$ 的参数表达式，我们可以得出房地产价格变化的如下结论。

就货币供应量而言，货币供应量的增加时，根据误差修正作用机制将推高房地产的价格，房地产价格变化的速度会增加，从长期来看，货币供应量的供给速度加快会助推房地产价格上升。从滞后两期的货币供给增长率的系数为正值来看，短期内货币供给率对房地产价格上升也有助推作用。

其次我们来观察产出增长率对房地产价格的影响，从上式可以看出，产出增长率对房地产价格的上升影响最大，当产出增长率上升时，在误差修正机制作用下，房地产价格的速度出现较快上升。产出增长率是推高价格的主要力量。最后从滞后两期来看，系数也都为正，说明在短期内，经

---

① ［美］恩德斯：《应用计量经济学：时间序列分析》，杜江、谢志超译，高等教育出版社 2006 年版，第 259 页。

济增长也会带动房地产价格的提升。

就房地产价格本身来看，过高的房地产价格在误差修正机制作用下未来将出现价格的回落，说明房地产价格从长期来看存在自回归机制，保证了价格在长期回归正常均衡水平。从短期来看房地产价格的变动系数为负，也表明房地产价格在短期也存在自回归均衡水平趋势。

就消费品价格水平而言，通常情形下我们认为消费品价格的上升会推动房地产价格上涨。有趣的是，与我们通常认为的不同，从上式来看，在误差修正机制作用下，高消费价格水平会降低未来房价水平，也就是说，高消费价格对房地产价格的长期作用是负面的。从理论上我们可以解释消费价格对房地产价格的作用机制，长期来看，高消费价格将导致经济增长率下降以及家庭实际收入和财富减少，因此会引起房地产价格的下降。短期来看，消费价格对房地产价格的作用更加有趣，在滞后一期时是负向作用也就是说对房地产价格起到向下压制的作用，但在滞后二期时存在轻微的助推作用。从整体来看还是起到负面作用。

利率对房地产的作用，长期来看，在误差修正机制作用下，利率越高对房地产价格的负面作用越为显著，提高利率可以降低房地产的价格。在短期内，从滞后一期和滞后两期的系数来看，利率对房地产价格的影响越来越强，即使在短期内，提高利率也可以降低房地产的价格。

为了增加结论的精确性，我们对上述模型的残差自相关进行检验，来确定是否需要增加滞后阶数。

从表5-10显示的结果来看，模型不拒绝残差不存在自相关的原假设。也就是说模型不需要增加滞后阶数。

表 5-10　残差自相关检验结果

Lagrange-multiplier test

lag	chi2	df	Prob>chi2
1	22. 2952	25	0. 61864
2	28. 9988	25	0. 26397

同时我们还要考虑该系统是否稳定，因为如果系统不稳定会影响到模型的结论。利用 STATA 11.0 进行稳定性检验，从表 5-11 和图 5-4 来看，只有模型自身所假定是单位根，模型伴随矩阵的特征值均处于单位圆内，由此我们可以给出系统稳定的结论。

表 5-11　VECM 稳定性检验的判别表

Eigenvalue stability condition

Eigenvalue		Modulus
1		1
1		1
1		1
0.8398328 +	0.4370228i	0.946736
0.8398328 −	0.4370228 i	0.946736
0.5648271 +	0.6328396 i	0.848243
0.5648271 −	0.6328396 i	0.848243
−0.3793136 +	0.5883414 i	0.700017
−0.3793136 −	0.5883414 i	0.700017
0.5686093 +	0.05833765 i	0.571594
0.5686093 −	0.05833765 i	0.571594
−0.5504618 +	0.1418877 i	0.568454
−0.5504618 −	0.1418877 i	0.568454
0.1424271 +	0.1514625 i	0.20791
0.1424271 −	0.1514625 i	0.20791

The VECM specification imposes 3 unit moduli.

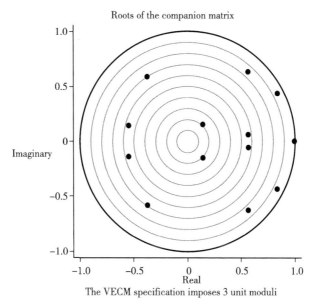

图 5-4　VECM 稳定性判别图

第五节　结论与政策建议

利用我国的产出增长率、消费价格水平变化率、货币供给增速、利率以及房地产价格变化率五个变量组成了 VAR 模型和 VECM 模型。通过 VAR 与 VECM 系统，我们考察了我国房地产价格与宏观经济波动波动之间的关系，发现这些宏观经济变量都能有效影响房地产价格，特别是货币政策对房地产价格的影响更为明显。与此同时，我们也发现，资产价格，特别是房地产价格的正向冲击对宏观经济变量几乎没有影响。资产价格的正向变动很难在其他宏观经济变量反映出来。

关于资产价格与货币政策之间的争论由来已久，Irving Fisher（1911）就提出货币政策制定者要保持包括资产价格在内的一系列价格稳定。由于资产价格泡沫崩溃引发的 2007 年金融危机给宏观经济带来严重的伤害，危机后的今天，统计资料显示美国家庭财富缩水严重，剔除通货膨胀因素，只相当于 1992 年水平，与 2007 年相比减少约 2/5[①]。在危机之前的货币政策目标里没有包括资产价格的稳定。通过对中国房地产市场的实证分析，我们发现货币政策在推动资产价格波动上扮演十分重要的角色。

随着我国房地产市场的快速发展，2011 年房地产投资总值达到 GDP 的 13%，房地产市场的稳定对宏观经济来说越发重要，宏观经济波动对房地产市场的影响越来越大。同时由于金融摩擦的存在，资产价格特别是房地产价格的上升对宏观经济影响不明显，这就需要货币政策需要关注资产价格特别是房地产价格的变化。当房地产价格上升较快时，需要使用货币政策来稳定房地产价格，避免出现房地产过热和价格泡沫。

在使用货币政策对冲房地产价格风险时，要准确区分房地产价格的正常上涨和价格泡沫。不加区分地对所有房地产价格上涨都采用趋紧的货币政策会阻碍经济的正常增长，我们的实证发现，随着经济增长会引起房地产价格的正常上涨，我国经济持续的快速增长必然会带来包括房地产价格在内的资产价格出现上涨。这就要求货币政策只针对价格泡沫而非正常价格上涨发挥作用，从而保证宏观经济稳定，避免危机的发生。

附录：

VAR 法中关于变量间的协整检验结果

Johansen tests for conintegration					
Trend：tred				Number of obs = 54	
Sample：1998q3~2011q4				Lags = 2	
maximum rank	parms	LL	eigenvalue	trace statistic	5% critical value
0	35	377. 55442	0	110. 3627	77. 74
1	44	401. 95067	0.59488	61. 5702	54. 64
2	51	416. 28909	0.41201	32. 8934 *	34. 55
3	56	427. 19319	0.33226	11. 0852⁻	18. 17

---

① 美国联邦储备委员会 2012 年 6 月 11 日发布研究报告。

续表

maximum rank	parms	LL	eigenvalue	trace statistic	5% critical value
4	59	432. 10119	0. 16621	1. 2692	3. 74
5	60	432. 73579	0. 02323		

maximum rank	parms	LL	eigenvalue	max statistic	5% critical value
0	35	377. 55442	0	48. 7925	36. 41
1	44	401. 95067	0. 59488	28. 6768	30. 33
2	51	416. 28909	0. 41201	21. 8082	23. 78
3	56	427. 19319	0. 33226	9. 8160	16. 87
4	59	432. 10119	0. 16621	1. 2692	3. 74
5	60	432. 73579	0. 02323		

VAR 法 VECM 滞后阶数

Selection-order criteria

Sample：1999q1~2011q4　　　　　　　　　　　　　　Number of obs　=　52

lag	LL	LR	df	p	FPE	AIC	HQIC	SBIC
0	161. 832				1. 7e-09	-6. 03199	-5. 96006	-5. 84437
1	376. 198	428. 73	25	0. 000	1. 1e-12	-13. 3153	-12. 8837	-12. 1896*
2	418. 967	85. 538	25	0. 000	5. 9e-13	-13. 9987	-13. 2075*	-11. 9349
3	447. 68	57. 427	25	0. 000	5. 5e-13*	-14. 1416*	-12. 9907	-11. 1396
4	472. 372	49. 383*	25	0. 003	6. 4e-13	-14. 1297	-12. 6192	-10. 1897

第六章　货币政策与资产价格的关系

——基于中国住房市场

搜索文献发现在十五年前研究房地产的论文屈指可数，十五年后的今天研究房地产的文献不再是少数，研究房地产和信用货币政策渠道成为热点，研究房地产成为主流，不仅是宏观经济学研究领域的拓展，重要的原因是房地产市场成为推动经济波动的重要力量。正如美联储主席伯南克（2008）认为房地产和房地产金融在此次金融危机扮演了核心角色。

第一节　房地产市场的特征事实

我们可以看到如下的关于房地产市场的经济事实特征：

一、房产在家庭财富中的地位

在 2002 年时中国国家统计局发布的《城市家庭财产调查》显示，房产已经是城市家庭最重要的资产，房产的价值在家庭总资产中的占比为 47.9%，接近于总资产的一半。居住在城市规模越大的家庭，房产占据家庭财富的比例越高，一线城市占比超出平均值近 2 个百分点。从 1998 年房地产制度改革以来，房地产在家庭财富中的地位日趋提高，已经成为最重要的家庭财产构成。2009 年 9 月 28 日，清华大学中国金融研究中心基于 15 个定位城市，收集大约 2100 个家庭样本的数据显示，在家庭总资产构成中房产的地位再次上升，占比达到 62.72%，已经超过非房产财富的比重。在家庭财富构成里，房地产已占据重要地位。

二、房产存量价值占 GDP 的比重已经超过 2

由于缺乏直接的房产财富与 GDP 占比的数据，我们利用中国国家统计局公开的数据进行了粗略的估计。具体估计方法如下：我们利用国家统计局网站的城镇居民人均住房情况，查找到人均住房面积，可查找时间为 2002 年至 2010 年；然后我们又从国家统计局网站查询到匹配年份的商品房销售额和销售面积，利用销售额和销售面积计算出商品房销售单价，将城镇居民人均居住面积乘以商品房销售单价得到城镇居民人均房产存量价值；再利用国家统计局网站历年城镇人口占比和前面计算出的人均房产存量价值相乘，计算出全国人均房产存量价值近似值[①]。然后使用该计算数据除以国家统计局网站上 2002 年至 2010 年的人均 GDP 数据就得到我们粗略估计的房地产存量价值与 GDP 的比值。如图 6-1 所示，从 2002 年开始，

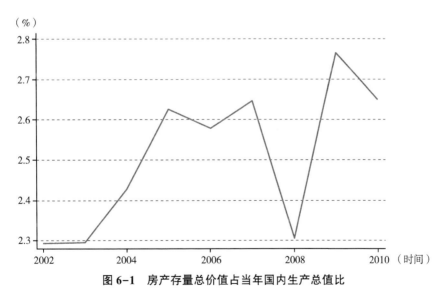

图 6-1　房产存量总价值占当年国内生产总值比

注：相关数据来自国家统计局网站：http：//www.stats.gov.cn/tjsj/ndsj/2011/indexch.htm。

---

① 由于农村房产不能进行市场交易的属性，我们在这里进行忽略处理。

房产财富占比就不断上升，2008 年由于金融危机的影响，房产财富占比迅速下降至 2002 年的水平，随着国家 4 万亿元的刺激计划推出，房地产市场迅速恢复，房产财富占比快速回升，2010 年国家出台的房市限购政策，使得房产财富占比出现下滑。综合来看，房产存量价值占 GDP 的比重已经超过 2。

三、房地产财富与居民消费水平之间的关系

我们使用房地产财富环比变化率和居民消费水平环比数据来观察发现，从 2003 年到 2004 年伴随着居民房地产财富的增长，居民消费水平也稳步提高，但是在 2005 年到 2006 年房地产财富环比增长下降的情形下，居民消费水平还处于上升阶段，2007 年到 2008 年房地产财富环比增长出现快速下滑，居民消费水平也开始下降，从 2009 年开始，二者的变化方向又开始趋于一致（见图 6-2）。由于数据长度较短，我们无法进行经验验证，但是我们依然可以看出二者之间关系的变化趋势，随着金融市场的快速发展，房地产财富的增加以及在家庭财富中的比例快速上升。在信贷约束减少，金融市场效率提高的情形下，家庭居民逐渐利用金融市场来提高家庭的效用水平，家庭房地产财富的变化会和家庭消费水平日趋一致。

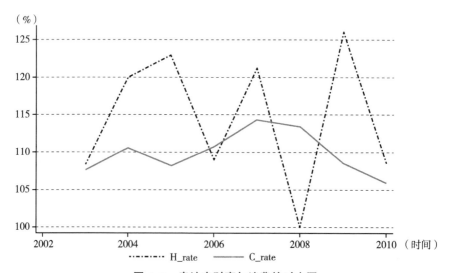

图 6-2　房地产财富与消费的时序图

四、房地产投资在宏观经济中的比重

家庭财富中房地产财富比例的上升也直接提高了房地产投资在宏观经济中的比重。从表6-1可以看出，房地产投资的快速增长，其中房地产投资占GDP的比重从1996年的4.8%到2010年的16%，增长了3倍多，房地产投资占全社会固定资产投资从1996年的15%上升到2010年的23%，可以看出随着经济的快速增长，家庭收入的增加，居民对房地产的需求快速上升，提高了房地产投资在国内生产总值中的比重，也刺激了房地产业的发展，房地产新增价值也从1996年的2617.56亿元上升到2010年的22315.6亿元，增长了近10倍。房地产投资持续快速的增长反映了家庭财富结构的变化，在家庭财富构成中房地产财富比例的增加成为一种趋势，房地产价格的变化对家庭财富的影响将越来越明显。经济快速增长带来收入的提高，收入的提高带来房地产需求的快速增加，房地产需求增加就会进一步拉动经济增长。宏观经济呈现出正向加强的作用机制，房地产投资在宏观经济中的比重持续上升。

表6-1　1996~2010年房地产投资与经济增长

年份	房地产投资额（亿元）	全社会固定资产投资总额（亿元）	房地产增加值（亿元）	国内生产总值（亿元）	房地产投资/GDP	房地产投资/全社会固定资产投资
1996	3445.16	22913.5	2617.56	71176.6	0.048403	0.150355
1997	3440.73	24941.1	2921.09	78973	0.0435684	0.1379542
1998	3896.93	28406.2	3434.46	84402.3	0.0461709	0.1371859
1999	4342.08	29854.7	3681.79	89677	0.0484191	0.1454404
2000	5194.43	32917.7	4149.06	99214.5	0.0523555	0.1578005
2001	6644.63	37213.5	4715.07	109655	0.0605957	0.1785543
2002	8154.36	43499.9	5346.35	120333	0.0677651	0.187457
2003	13143.4	55566.6	6172.68	135823	0.0967688	0.2365342
2004	16678.9	70477.4	7174.13	159878	0.1043224	0.236656
2005	19505.3	88773.6	8516.43	184937	0.1054698	0.2197196

续表

年份	房地产 投资额 (亿元)	全社会固定 资产投资总额 (亿元)	房地产 增加值 (亿元)	国内生产 总值 (亿元)	房地产投 资/GDP	房地产投 资/全社会 固定资产投资
2006	24524.4	109998	10370.5	216314	0.1133738	0.2229527
2007	32438.9	137324	13809.8	265810	0.1220378	0.2362218
2008	40441.8	172828	14738.7	314045	0.1287769	0.2339997
2009	49358.5	224599	18654.9	340903	0.1447876	0.219763
2010	64877.3	278122	22315.6	401202	0.1617073	0.2332693

注：数据来自中经网数据库。

五、住房价格变化对宏观经济变量的影响

从上面的事实特征可以看出，房地产财富是家庭财富的重要组成部分。房地产财富通过预算约束影响非房产消费，随着收入提高家庭可能会对住房产生更高的需求，住房价格的上升可能会对家庭的非住房消费产生挤出效应，同时房价的上升也会带来房地产存量财富的上升，又会对家庭的其他消费产生财富效应，如果金融市场的发展比较有效，房价上升带来的财富效应就会占据主要作用，也就是说房价上升带来的财富效应会促进消费的增长。

为了说明这一思想，我们通过简单的模型来进行重新家庭面临的消费和房产的选择。考虑如下的家庭特征：家庭长期存活，通过选择消费和房产服务来满足自身效用最大化。家庭效用最大化问题通过如下方程表示：

$$\max E_t \sum_{t=0}^{\infty} \beta^t [u(c_t)+v(h_t)] \tag{6.1}$$

其中，β 家庭折现系数，c_t 为消费，h 为房产，E 为期望。家庭在一生通过选择消费和房产来最大化自己的效用，为满足自身效用最大化，家庭就要考虑收入、财富等影响消费和房产的因素，从而内生化劳动供给。在这里我们房产使用期限和折旧，家庭面临的约束如下：

$$c_t+q_t h_t+s_t=Y_t+q_t h_{t-1}+R_t s_{t-1} \tag{6.2}$$

其中，q_t 为房产价格，s_t 为非房产财富包括政府债券、股票等，Y_t 为劳动收入，R_t 为非房产财富收益率。在方程（6.2）的右侧代表家庭收入的来源，包括劳动收入、房产财富和非房产财富的收入。方程的左侧为收入的支配，依次用来满足消费和房屋带来的服务以及投资于政府债券和企业股票。家庭可以选择消费的数量和房产的积累以及非房产财富的积累。在本模型中变量 q_t，R_t，Y_t 为外生变量，家庭选择消费、房产积累以及非房产财富积累时会面临这些外生变量变化带来的冲击。这一冲击会影响到家庭的选择，基于上期的消费、房产存量以及非房产财富存量考虑效用最大化来进行最优化选择。

首先，我们考虑收入带来的冲击，当家庭的收入突然面临一个正向冲击，此时考虑其他外生变量没有发生变化时，家庭将会增加消费和房产积累以及非房产财富积累。也就是说收入的增加、消费支出和房地产的购买以及非房地产（证券类）的同比例增加。

其次，我们考虑当家庭面临非房产财富收益率带来的冲击，当家庭的非财产类收益突然提高时，此时我们发现由于非房产财富的提高带来收入效应，以及非房产财富的财富效应，家庭在提高消费和房产的同时，会将更大的比例用于非房产财富投资上。

最后，我们考虑房地产价格变化带来的冲击，随着房地产价格的升高，如果我们把房产看作投资品就会发现随着房地产价格的上升就会带来财富的增长，就会刺激消费，同时由于房地产投资存在一定的信贷约束和门槛限制，比如首付比例，短期内就会导致对消费和非房产财富的挤出，会看到消费支出比例降低，以及非房产投资比例减少。当我们看到房产消费的一面时就会发现，随着房地产价格的上升，就会发生替代效应，由于房地产价格相对于非房产价格升高，家庭就会增加非房产消费。从长期来看，房地产价格的上升，也会带来劳动收入和非房产财富收益率上升，整体来看会带来家庭总财富的增加，会扩大家庭的消费。反之当家庭面临房地产价格负向冲击时，就会带来家庭财富的缩水，如果房地产价格下跌严重时，家庭资产负债表就会严重失衡，原因在于资产一方的价格下跌带来资产总值减少，而此时负债由于先期的契约导致负债总额不变，在负债不变、资产缩水的情形下引起家庭净财富大幅减少，房地产价格下跌也会同时导致经济下滑带来家庭可支配收入的减少，对家庭消费形成较强的负面影响。

第二节　货币政策与房地产价格

一、引言

通常情形下，解释宏观经济变量时，我们通常会把趋势从周期中分离出来。在解释趋势方面，一般认为，货币政策将不起作用，解释趋势变化的因素往往是技术变化、金融创新、制度和储蓄倾向等，通过对这些因素的考察来解释宏观变量变动趋势。

在解释周期变化时，我们常常会考虑货币政策、需求因素、短期生产率变化、石油价格冲击以及选择的变化等，通过对这些因素的观察来解释宏观变量周期性变化的原因。

关于我国房地产价格的变化，有学者提出由于政府垄断土地制度造成的土地供应价格不断上升导致房地产成本不断上升最终推高了房价。虽然这种解释初看颇有些道理，尽管成本可以推高价格，但是成本论无法解释中国房价从 2003 年以来的快速上升（见图 6-3），因为在此期间，中国的房地产土地供应制度并没有发生明显的变化。在经验研究上，如果使用一个近似稳定不变的解释变量来解释不断发生变化的被解释变量，其解释效果应该至少是可以预见的。政府垄断房地产土地制度不能够很好地解释中国房地产价格的快速上升，我国的房地产土地供应制度不是造成房地产价格快速上升的原因。

有的学者认为是由于我国宏观经济的快速发展，家庭收入快速增长，家庭需求结构的变化带来房地产需求的快速上升，房地产需求的快速上升引起房地产价格的快速上升。从表 6-2 可以看出，家庭可支配收入从 1999 年的 5854 元增加到 2010 年的 19109 元，恩格尔系数也从 1999 年的 42% 迅速

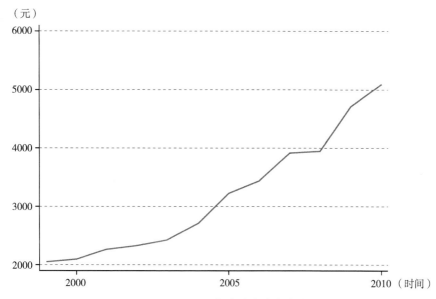

图 6-3 1999~2010 年房地产价格的时序图

下降到 40% 以下，从 2000 年开始恩格尔系数就开始低于 40%，到 2010 年时下降为 35.7%。家庭可支配收入的提高为消费升级提供了金融支持，当恩格尔系数低于 40% 时，家庭消费需求结构就会发生显著性变化，追求住房条件改善房地产需求的开始成为消费结构变化的主要标志。房地产需求的上升带来了房地产价格的上升。

表 6-2 1999~2010 年全国城镇家庭可支配收入及恩格尔系数

年份	城镇家庭人均可支配收入（元）	恩格尔系数（%）
1999	5854.02	42.068
2000	6280	39.4422
2001	6859.6	38.199
2002	7702.8	37.6764
2003	8472.2	37.1
2004	9421.6	37.7
2005	10493	36.7
2006	11759.5	35.8

续表

年份	城镇家庭人均可支配收入（元）	恩格尔系数（%）
2007	13785.8	36.2895
2008	15780.8	37.8891
2009	17174.7	36.5161
2010	19109.4	35.7

资料来源：国家统计局网站。

固然，家庭可支配收入的增加，家庭消费升级的出现都为房地产价格的上升提供了答案，然而我们应该明白，基于同样的理论逻辑，家庭的房地产消费需求虽然出现大幅增加，解释消费需求增加的主要变量还是可支配收入。也就是说家庭可支配收入是决定房地产消费需求的主要解释变量。但是我们观察到，房地产价格的上升速度无法用可支配收入进行解释。我们来看表6-3的房地产价格与收入比（以下简称房价收入比）。

表6-3 2002~2010年全国房地产价格与收入比

年份	2002	2003	2004	2005	2006	2007	2008	2009	2010
房价收入比①	7.39	7.27	7.65	8.50	8.35	8.53	7.65	8.57	8.41

资料来源：中经网数据库和国家统计局网站。

从表6-3可以看出，2002年至2010年房价收入均在7以上。依据世界银行的统计，房价收入比的合理区间为 [4，6]，超过这个区间就说明房价存在泡沫。从数据上看，从2002年房价收入比为7.39上升到2007年最高的8.53。房价收入比不断向上攀升，2008年由于金融危机的影响房价收入比一度下降至7.65。随着国家刺激政策的出台，2009年房价收入比迅速上升到8.57。虽然到2010年房价收入比略微降至8.41，但整体

---

① 关于该房价收入比的计算方法，作者利用中经网数据库的房地产销售额和销售面积的月度数据，以及国家统计局网站的家庭可支配收入及人均居住面积计算得出。

来看房价收入比依然处于较高的水平。房地产价格依然存在泡沫。从房价收入比来看，我国房地产价格变化不能全部由家庭收入变化和消费结构升级来解释。

当然也有学者从人口结构变化来解释我国房价快速上涨现象，认为我国人口抚养比的变化是推动房价上升的原因。其实人口结构的变化固然可以提高房地产的需求，但是这一需求属于消费需求背后的支持应该还是可支配收入，我们前面已经论述了房地产价格已经超出了正常的消费需求。如果房价主要由人口结构的变化决定，那么人口抚养比例下降快的地区应当成为房价上升最快的地区，但是从全国房价城市排名来看，2012 年前十位分别是深圳、上海、北京、杭州、三亚、温州、广州、宁波、福州和南京，并没有体现出人口结构变化的趋势来。虽然人口结构的变化可以增加对房地产的需求从而推高房地产价格。但是仍不能解释 2003 年以来房地产价格快速上升的情形和 2003 年以来房价收入比的快速上升。

由于中国的房价收入比不能支持房地产价格的快速上升，我国房地产价格的快速上升不能够完全由消费需求来解释，那么我们来观察消费需求之外的投资需求。我们知道，房产除了消费之外还具有投资品的属性，刺激我国房地产市场快速扩张的应该还有旺盛的投资需求。房产作为耐用品，也是家庭持有资产的一种，其需求还要考虑持有房产的回报率或者是收益率，收益率决定了房产的投资需求。

二、住房价格影响因素模型分析

我们考虑房产的租金收益，房地产抵押条件，扩展方程（6.2）：

$$c_t + q_t h_t + s_t - b_{mt} = Y_t + q_t h_{t-1} + R_t s_{t-1} + \lambda(q_t h_{t-1}) - R_{mt} b_{mt} \tag{6.3}$$

$$b_{mt} \leqslant \beta q_{t-1} h_{t-1} \tag{6.4}$$

其中，λ 为房产租金率，b_{mt} 为房地产抵押贷款，R_{mt} 为抵押贷款利率。式（6.4）表示抵押贷款约束，β 为按揭比例。

结合式（6.1）我们可以求得房地产价格为：

$$q_t = \frac{(u_h)'/(u_c)'}{R_t(1-\beta) - \lambda_t + \beta R_{mt}} \tag{6.5}$$

可以看出房地产的价格主要受到四个因素的影响。第一个影响因素是分子，表示房产效用和消费效用的边际效用比，如果边际效用变化比增加也就是说房产带来的效用大于消费带来的效用则房地产的价格就会上升。2000年以来，我国家庭恩格尔系数快速下降至40%以下，家庭消费结构方发生重要转变，房产对家庭效用开始上升推动了价格的上升。第二个影响因素是非房产资产的收益率，我们知道家庭资产中除了拥有房产之外还拥有其他金融性资产，当这些资产的收益率提高后，家庭会增加对这些资产的持有，在预算约束下，房产的价格就会下降，反之，当这些资产的收益率下降时，家庭会减少这些资产的持有，加大对房产的持有，会带来房产价格的上升。随着我国证券市场陷入低迷，国债以及储蓄存款的收益都低于抵押贷款利率，因此家庭将把所获得的信贷资源投向房产市场，投资渠道的较窄，非房产收率偏低，增加了家庭对房产的需求，推高了房产价格。第三个影响因素是房产租金率，房产租金率越高，对房地产的价格推动越明显，随着租金率的上涨，房产价格就会出现升高。第四个影响因素是房地产抵押贷款率和按揭比例，它决定了资金的使用成本和规模，成本越低规模越大越能促进房产的需求，越能带来房产价格的上升。

三、影响住房价格的利率因素考察

从上述房价决定的简单模型分析来看，资金的使用成本对房价的上升起到相对重要的作用，因为在分母中几乎所有的因素都和资金成本有关，资金使用成本的高低对房价的影响很大。我们知道在分母上的较少变动也能推动房价产生较为明显的变化。短期里资金使用成本的大小和货币政策关系密切。货币政策当局的货币政策对房价的影响非常明显，实际利率的变动对房产价格的变化影响很大。

通过表6-4，我们来观察美国次贷危机前后我国房价与利率之间的关系。

从表6-4我们可以看出实际利率对房地产的影响，在实际利率为负的时期，房地产市场相对处于较为繁荣时期，反之当实际利率为正时，房地产市场活动水平下降。第七阶段房地产活动水平受到国家宏观调控以及经济下滑的影响，房地产市场处于不活跃状态。

表 6-4　1999 年 1 月至 2012 年 5 月经济特征

	第一阶段	第二阶段	第三阶段	第四阶段	第五阶段	第六阶段	第七阶段
起止时间	1999 年 1 月 至 2003 年 11 月	2003 年 11 月 至 2006 年 1 月	2006 年 1 月 至 2006 年 11 月	2006 年 11 月 至 2008 年 10 月	2008 年 10 月 至 2009 年 11 月	2009 年 11 月 至 2011 年 11 月	2011 年 11 月 至 2012 年 5 月
持续时间	58 个月	27 个月	10 个月	22 个月	12 个月	23 个月	6 个月
实际利率	正利率	负利率	正利率	负利率	正利率	负利率	负利率
房产景气	101.9	106.2	102.5	103.1	100.3	101.9	97.34

注：房产景气是房地产开发综合景气指数，分别选取样本期内指数指标的平均值。资料来源为中经网数据库。

第三节　基于 DSGE 模型的货币政策与住房价格影响机制分析

一、引言

从以上的描述我们可以初步发现，货币政策对房价的变化影响十分明显。关于货币政策与房价研究的文献，国内的研究者通常采用利用 VAR 模型或者 VEC 模型加上脉冲，以及传统的回归参数估计来分析货币政策与房价之间的关系（崔光灿，2009；徐忠等，2012；邓富民、王刚，2012）。这些研究虽然能够部分解释变量之间的关系，由于微观基础的缺乏使得这些分析不能够完整地刻画货币政策与房价之间的传导和相互影响机制，无法解决变量间的内生问题，只能发现货币政策与房价的相关程度，无法分离影响机制。

考虑到上述文献的缺陷，我们决定采用 DSGE 动态随机一般均衡模型来进行货币政策与房价关系的研究。利用 DSGE 模型研究货币政策与房价关系，具有以下四个方面的优点：一是可以克服货币政策与房价等变量之间的单一影响，可以反映变量之间的相互影响；二是可以将资产（房地产）引入模型来模拟实际经济情形来发现和刻画影响机制；三是由于该模型是结构性的，是建立在相对扎实的微观基础之上，经济环境和决策体制以及预期的改变都可以通过局部参数的改变对实际和政策效果进行模拟，避免"卢卡斯批判"；四是随机性的变量变化产生的宏观波动可以通过该模型进行较好的分析长期均衡和短期波动。

基于此，接下来我们将通过构建一个以 BGG 模型为基础，将金融加速器机制运用到家庭部门的动态一般均衡模型，来分析货币政策对房价、住房投资和消费的影响。考虑到消费和住房决策时面对的金融摩擦，将 BGG 模型的金融加速器推广至家庭部门，建立住房价格、家庭消费和住房投资的动态一般均衡模型。本书借鉴 Kosuke Aoki（2002）的思想将消费者分为两类：一类消费者符合持久收入假设，将财富平滑用于整个生命周期的消费，其消费行为满足标准的欧拉方程，能够以无风险的利率使用资金，最大化家庭一生的效用。另一类消费者缺乏耐心，根据 Carrol（1997）的定义该类消费者依据当期可支配收入进行消费决策，Campbell 等（1998）将此类消费行为描述为凭经验消费。

二、基本分析模型

（一）家庭消费

遵循标准化做法，我们将家庭的消费内容细分为不同类型的消费品和住房服务，家庭 i 即期效用为：

$$\ln C_t^i + \xi \ln(1-L_t^i), \xi > 0 \tag{6.6}$$

其中，L_t^i 为劳动投入，C_t^i 为复合消费品满足 CES 形式。

$$C_t^i = \left[\gamma^{\frac{1}{\eta}} (c_t^i)^{\frac{\eta-1}{\eta}} + (1-\gamma)^{\frac{1}{\eta}} (h_t^i)^{\frac{\eta-1}{\eta}} \right]^{\frac{\eta}{\eta-1}} \tag{6.7}$$

其中，c_t^i 为 Dixit-Stiglitz 式的复合商品，h_t^i 为住房服务。该复合商品满足 $z \in (0, 1)$ 的分布。具体表达形式为：

$$c_t^i = \left[\int_0^1 c_t^i(z)^{\frac{\varepsilon-1}{\varepsilon}} dz \right]^{\frac{\varepsilon}{\varepsilon-1}} \tag{6.8}$$

第六章　货币政策与资产价格的关系

对应的价格指数为：

$$p_{c,t} = \Big[\int_0^1 p_t(z)^{1-\varepsilon} dz \Big]^{\frac{1}{1-\varepsilon}} \qquad (6.9)$$

给定消费水平 C_t^i，消费品 c_t^i，需求函数 h_t^i 可以表述为：

$$c_t^i = \gamma \Big(\frac{p_{c,t}}{p_t} \Big)^{-\eta} C_t^i \qquad (6.10)$$

$$h_t^i = (1-\gamma) \Big(\frac{p_{h,t}}{p_t} \Big)^{-\eta} C_t^i \qquad (6.11)$$

其中，$p_{c,t}$ 为消费品价格，$p_{h,t}$ 为住房租赁价格。

因此复合消费品价格 P_t 为：

$$P_t = \Big[\gamma p_{c,t}^{1-\eta} + (1-\gamma) p_{h,t}^{1-\eta} \Big]^{\frac{1}{1-\eta}} \qquad (6.12)$$

（二）家庭购房决策

家庭的购房决策来自家庭自身，家庭决策参照 BGG 模型中的厂商投资决策，家庭也面对一个不完美的金融市场，不完美金融市场的描述参见 Bernanke 和 Gertler（1989），在 t 期家庭以名义价格 Q_t 购买住房在 $t+1$ 期以价格 $p_{h,t}$ 租赁给使用者。购买住房的支出来自两个部分：一部分是家庭净财富积累 N_{t+1}，另一部分来自借款 b_{t+1}。购买住房的总支付可以用如下等式表述：

$$q_t h_{t+1} = N_{t+1} + b_{t+1} \qquad (6.13)$$

其中，$q_t = \dfrac{Q_t}{p_t}$ 是住房的实际价格。

家庭购房决策来自对住房期望收益和期望资金的使用成本。住房的期望收益来自两个部分：一部分是住房的租赁收入，另一部分来自住房价格上升带来的收益。后者的变化取决于住房的市场价格。

预期收益表达式如下：

$$E_t(R_{h,t+1}) = E_t \Big[\frac{X_{h,t+1} + (1-\delta) q_{t+1}}{q_t} \Big] \qquad (6.14)$$

其中，δ 为住房的折旧率取值为（0，1）。

家庭融资的边际成本依赖于其资产负债情况。依据 BGG 模型描述，在无金融摩擦的金融市场，资金的融资成本相同，当金融市场存在金融摩

· 149 ·

擦时，无抵押的外部融资成本高于家庭的内部资金成本。由于信息存在不对称，故银行不能充分了解每个家庭的真实信用状况，同时审核其信用和偿债能力时还有一个审计成本的支出，所以家庭外部融资的成本高于内部融资成本。遵循 BGG 的做法，我们将融资成本看作家庭资产净值与住房价值比值 $\dfrac{N_t}{q_t h_{t+1}}$ 的函数。家庭外部边际融资成本与资产比例为负相关关系，融资家庭与银行签订契约承诺当家庭宣布不能履行还款义务时，银行将收回家庭拥有的资产。对于融资家庭来说，其家庭资产负债结构决定了家庭边际融资成本。家庭总资产的不确定性使得家庭面临的边际融资成本处于波动之中，类似于 BGG 模型，边际融资成本为 $f(\dfrac{N_t}{q_t h_{t+1}}) R_{t+1}$，$f'<0$。其中，$R_{t+1}$ 为无风险实际利率。从上面的边际融资成本形式发现，家庭财务杠杆越高时，家庭面临的边际融资成本越高，当 $\dfrac{N_{t+1}}{q_t h_{t+1}}=1$ 时，家庭将全部使用内部资金进行购买，此时 $f(1)=1$，家庭边际融资成本为无风险利率 R_{t+1}。基于收益最大化考虑家庭对住房的需求为：

$$E_t(R_{h,t+1}) = f(\frac{N_{t+1}}{q_t h_{t+1}}) R_{t+1} \qquad (6.15)$$

由风险中性可知，所有家庭住房购买决策相同，故式（6.15）可以代表总的住房需求。我们将 V_t 定义为 t 期家庭资产净值。其具体表达形式为：

$$V_t = R_{h,t} q_{t-1} h_t - f(\frac{N_t}{q_{t-1} h_t}) R_t b_{t-1} \qquad (6.16)$$

其中，$R_{h,t}$ 为依据实际经济情形获得的事后实际住房收益。

依据上述，住房持有人将其中的收益 D_t 转移给消费者，转移之后家庭在 $t+1$ 期的实际净财富为：

$$N_{t+1} = V_t - D_t \qquad (6.17)$$

观察式（6.16）、式（6.17）发现住房价格的变化可以影响家庭财富净值，因此我们把式（6.16）右侧第一项改写为：

$$R_{h,t} q_{t-1} h_t = [X_{h,t} + (1-\delta) q_t] h_t \qquad (6.18)$$

可以看出住房价格严格影响家庭边际融资成本和家庭净财富。

转移收益 D_t 是住房收益在消费者和拥有者之间的分配，转移收益的变化依赖于家庭资产负债状况，随着家庭资产负债状况的改善，转移收益也将会随着加大，住房消费者将该收益用于消费。转移收益可以表述为家庭资产负债状况的函数：

$$D_t = X(\frac{N_{t+1}}{q_t h_{t+1}}) \tag{6.19}$$

其中，$X'>0$，$X(\phi)=D$，ϕ 表示家庭财务杠杆率，D 的大小依赖于家庭财务杠杆率 ϕ。

（三）家庭跨期消费决策

现在我们考虑家庭的跨期消费决策，我们将家庭分为两类（PIH 消费者和 ROT 消费者），其中一类家庭符合持久收入假设（the permanent income hypothesis），利用积累的财富来安排自己的消费和投资。另一类消费者没有财富积累，无法平滑消费。由于面临融资约束和缺乏耐心，对超出消费水平的收入部分的边际消费倾向要高于前者。沿用 Kosuke Aoki 等（2002）和 Campbell 等（1989）的称谓，叫作经验消费者（rule-of-thumb consumers）。

1. PIH 消费者

我们假设 PIH 消费者的行为符合惯例，能够以无风险的利率进行融资，其目标就是最大化一生的效用：

$$\max E_t \sum_{k=0}^{\infty} \beta^k [\ln C_{t+k}^p + \xi \ln(1-L_{t+k}^p)] \tag{6.20}$$

此类消费者行为符合标准的欧拉方程，其消费和劳动符合以下一阶条件。

$$\frac{1}{C_t^p} = \beta E_t(\frac{1}{C_{t+1}^p}) R_{t+1} \tag{6.21}$$

$$w_t(1-L_t^p) = \xi C_t^p \tag{6.22}$$

其中，w_t 为实际工资。

2. ROT 消费者

遵循 Campbell 和 Mankiw（1989）以及其他研究者的定义，我们假定 ROT 消费者依据当前可支配收入进行消费，同时此类消费也可以进行抵押融资，但是不能无抵押获得资金，融资的规模取决于转移收益的部分，这依赖于住房价格的变化。此类消费者的消费行为如下：

$$C_t^r = w_t L_t^r + D_t \qquad (6.23)$$

其劳动供给为：

$$w_t(1 - L_t^r) = \xi C_t^r \qquad (6.24)$$

假定第一类消费者占比为 n，其中，$n \in (0, 1)$，则总消费为：

$$C_t = n C_t^p + (1 - n) C_t^r \qquad (6.25)$$

每种商品和住房服务的需求为：

$$c_t = \gamma \left(\frac{p_{c,t}}{p_t} \right)^{-\eta} C_t \equiv \gamma X_{c,t}^{-\eta} C_t \qquad (6.26)$$

$$h_t = \gamma \left(\frac{p_{h,t}}{p_t} \right)^{-\eta} C_t \equiv \gamma X_{h,t}^{-\eta} C_t \qquad (6.27)$$

劳动力总供给为：

$$L_t = n L_t^p + (1 - n) L_t^r \qquad (6.28)$$

由式（6.22）和式（6.24）工资为：

$$w_t(1 - L_t) = \xi C_t \qquad (6.29)$$

（四）住房生产商

住房价格由关于 Q 投资理论的投资决定，生产商购买消费品进行住房生产，投资于住房生产的关系为：$h_{t+1} = \Phi \left(\frac{I_t}{h_t} \right) h_t$，其中 $\Phi(\cdot)$ 为凹函数，这就意味着投资的调整成本是凸的。在均衡状态下，住房价格为：

$$\frac{q_t}{X_{c,t}} = \Phi' \left(\frac{I_t}{h_t} \right) \qquad (6.30)$$

其中，$X_{c,t}$ 为消费品相对于复合价格指数的价格。从上面的描述可以看出，住房价格的变化将影响到家庭资产负债表，从而影响到资金的借贷成本。

（五）消费品生产商

为了简洁起见，我们将假定生产中资本投入固定，劳动为唯一可变投入，生产函数采用柯布—道格拉斯形式：

$$y_t(z) = A_t \overline{K}(z)^{\alpha} L_t(z)^{1-\alpha} \qquad (6.31)$$

遵循众多货币经济学文献的做法，我们假定消费品价格具有黏性，消费品价格调整采用 Calvo（1983）方式交错调整价格，（Woodford，1996；Rotemberg and Woodford，1999），在每期销售商 z 有 θ 比例的销售商优化价格，最大化目标为：

$$E_t \sum_{k=0}^{\infty} \theta^k \frac{\Lambda_{t,t+k}}{p_{t+k}} [\, p_t(z) y_{t+k}(z) - W_{t+k} L_{t+k}(z)\,] \tag{6.32}$$

受到的需求约束为：

$$y_{t+k}(z) = \Big[\frac{p_t(z)}{p_{c,t+k}}\Big]^{-\varepsilon} Y_{t+k} \tag{6.33}$$

其中，$\Lambda_{t,t+k}$ 为所有者的跨期边际替代率；Y_t 为 t 期消费品总值，包括投资、消费和政府支出，具体形式为：

$$Y_t = c_t + I_t + G_t \tag{6.34}$$

其中，c_t 表示消费，I_t 表示投资，G_t 表示政府支出。

得到价格最优化一阶条件为：

$$E_t \sum_{k=0}^{\infty} \theta^k \Lambda_{t,t+k} \Big\{ \frac{p_{c,t+k}}{p_{t+k}} \Big[\frac{p_t(z)}{p_{c,t+k}}\Big]^{-\varepsilon} Y_{t+k} \Big(\frac{p_{c,t+k}}{p_{t+k}} - \frac{\varepsilon}{\varepsilon-1} mc_{t+k}\Big) \Big\} = 0 \tag{6.35}$$

其中，mc_{t+k} 为消费品在 $t+k$ 期的实际边际成本，具体形式为：

$$\frac{W_{t+k}}{p_{c,t+k}} \Big[\frac{y_{t+k}(z)}{A_{t+k}}\Big]^{\frac{1}{1-\alpha}} \tag{6.36}$$

（六）金融中介

对于金融中介，我们并没有将其引入模型。与 Townsend（1979）研究类似，我们认为金融中介以固定利率获得家庭的储蓄，同时以无风险利率加上额外的风险补偿利率将资金带给住房购买者，并承担住房购买者的违约风险。

（七）央行货币政策

参照谢平等（2002）和刘斌（2008）的研究，以及 BGG 模型，本书采用简洁的货币利率规则来模拟，利率政策采用泰勒形式，在保证利率平滑的基础上针对通货膨胀做出反应。具体形式为：

$$R_t^n = \rho_R R_{t-1} + \gamma_\pi \pi_t + \varepsilon_{R,t} \tag{6.37}$$

名义利率与实际利率的关系满足费雪方程式：

$$R_{t+1}^n = R_{t+1} + E_t \pi_{t+1} \tag{6.38}$$

三、模型求解

对上述模型进行求解，首先对模型围绕稳态进行对数线性化处理。在稳态时，家庭部门的杠杆率假定为 ϕ，带有帽子的变量表示对稳态的偏离，没有时间下标的变量表示稳态值或者参数。

对数线性化后总需求方程：

$$\hat{Y}_t = \frac{c}{Y}\hat{c}_t + \frac{I}{Y}\hat{I}_t + \frac{G}{Y}\hat{G}_t \tag{6.39①}$$

$$\hat{C}_t = n\hat{C}_t^p + (1-n)\hat{C}_t^r \tag{6.40②}$$

$$\hat{C}_t^p = E_t\hat{C}_{t+1}^p - \hat{R}_t \tag{6.41}$$

$$\hat{C}_t^r = c_w\hat{w}_t - (1-c_w)\hat{D}_t \tag{6.42}$$

$$\hat{c}_t = \hat{C}_t - \eta\hat{X}_{c,t} \tag{6.43}$$

$$\hat{h}_t = \hat{C}_t - \eta\hat{X}_{h,t} \tag{6.44③}$$

$$\hat{X}_{c,t} = -\frac{1-\gamma}{\gamma}\frac{X_h^{1-\eta}}{X_c^{1-\eta}}\hat{X}_{h,t} \tag{6.45}$$

$$E_t\hat{R}_{h,t+1} = \hat{R}_{t+1} - v\left[\hat{N}_{t+1} - (\hat{q}_t - \hat{h}_{t+1})\right] \tag{6.46}$$

$$\hat{R}_{h,t+1} = (1-\mu)\hat{X}_{h,t} + \mu\hat{q}_{t+1} - \hat{q}_t \tag{6.47}$$

$$\hat{q}_t = \psi(\hat{I}_t - \hat{h}_t) + \hat{X}_{c,t} \tag{6.48④}$$

对数线性化后的总供给方程为：

$$\hat{Y}_t = \hat{A}_t + (1-\alpha)\hat{L}_t \tag{6.49}$$

$$\hat{mc}_t = \hat{w}_t + \frac{1}{1-\alpha}(\hat{Y}_t - \hat{L}_t) + \hat{X}_{c,t} \tag{6.50}$$

---

① 为资源约束。
② 为总消费。
③ 住房服务需求。
④ 住房投资需求。

$$\hat{w}_t = \hat{C}_t + \xi\hat{L}_t \tag{6.51}$$

$$\hat{\pi}_{c,t} = k_1 m\hat{c}_t + \beta E_t\hat{\pi}_{c,t+1} \tag{6.52}[1]$$

状态变量方程组为：

$$\hat{h}_{t+1} = \hat{I}_t + (1-\delta)\hat{h}_t \tag{6.53}$$

$$\hat{N}_{t+1} = R_h\hat{V}_t - (R_h-1)\hat{D}_t$$

$$= R_h\big[\,(1+\phi)\hat{R}_{h,t} - \phi v(\hat{q}_{t-1}+\hat{h}_t) + (1+\phi v)\hat{N}_t - \phi\hat{R}_{t-1}\big] - (R_h-1)\hat{D}_t \tag{6.54}$$

$$\hat{D}_t = s\big[\hat{N}_{t+1} - (\hat{q}_t - \hat{h}_{t+1})\big] \tag{6.55}$$

货币政策和外生冲击为：

$$R_t^n = \rho_R R_{t-1} + \gamma_\pi\pi_t + \varepsilon_{R,t} \tag{6.56}$$

政府冲击和技术冲击分别为：

$$\hat{G}_t = \rho_G\hat{G}_{t-1} + \varepsilon_{G,t} \tag{6.57}$$

$$\hat{A}_t = \rho_A\hat{A}_{t-1} + \varepsilon_{A,t} \tag{6.58}$$

其中，$n_p = n\dfrac{C_p}{C}$，$c_w = \dfrac{wL^r}{C_w}$，$v = \dfrac{f^{'}(\phi)}{f(\phi)}\phi$，$\mu = \dfrac{X_h}{X_h - (1-\delta)}$，$s = \dfrac{X^{'}(\phi)}{X(\phi)}\phi$

$$\psi = \frac{\big[\Phi\big(\frac{I}{h}\big)^{-1}\big]^{'}}{\big[\Phi\big(\frac{I}{h}\big)^{-1}\big]^{''}}，\quad k = \Big(\frac{1-\theta}{\theta}\Big)(1-\theta\beta)。$$

四、参数校准

为保证校准参数尽可能地反映出中国经济特征，参数校准主要依据中国经济的实际数据和相对权威研究的数据，在 DSGE 模型研究中一般采用季度数据进行模拟分析，故本书的研究数据为季度数据，相关参数的确定也以季度进行衡量和取舍，在主观贴现率的取值上，根据 2003 年至 2011 年度一年期存款利率利为 4.63%，同时参考陈彦斌（2009）以及 Bernanke 等

(1999)，中国的利率相对没有完全市场化，因此季度性 β 取值为 0.99，折算年度收益率约为 4.04%，消费品和住房服务之间的替代弹性 η 为 1，在 CES 形式的消费函数中参数 γ 住房租金支出占消费总支出为 12%，住房的年度折旧率为 2%。关于住房与投资的产出弹性 ψ，BGG 给出的参考是 0~0.5 为合理区间，我们取值为 0.5。劳动投入参数 ε 取值为 1。依据 BGG 模型劳动供给弹性取值为 3。生产函数中 α 的值设定为 0.33。

价格黏性参数 θ 一般取值在 0.5~0.85，通过观察我们认为价格调整时间为 4 个季度，因此黏性参数取值为 0.75。模型中有三个冲击分别是技术冲击、货币政策冲击和政府支出冲击。其中，技术冲击和政府支出冲击为一阶自相关序列，回归参数 ρ_A、ρ_G，分别为 0.95 和 0.9，货币政策当局依据平滑反馈机制，将自回归参数 ρ_R 设定为 0.9。通货膨胀滞后反应系数为 0.2，则长期通货膨胀的反应为 2。

五、模拟结果分析

(一) 货币政策冲击对产出损失

从图 6-4 我们可以看出，在没有住房价格缩水以及金融市场存在金融摩擦时，货币政策对产出的影响要比存在住房价格缩水以及金融摩擦时要小。具体来说，我们考察货币政策在三种情形下对产出的影响，当经济体中不存在住房价格下跌和抵押贷款的金融摩擦时，货币政策对产出的影响最小；当仅仅存在住房价格下跌带来的债务紧缩时，货币政策对产出的影响开始增加；当经济体中存在金融摩擦，即抵押贷款效应时，货币政策对产出的影响将进一步放大。也就是伯南克提出的金融加速器机制的存在，使得货币政策冲击放大了这种影响。

(二) 住房价格冲击对消费的影响

我们来观察住房价格冲击对宏观经济中的消费变量的影响（见图 6-5），当房地产价格上升时，对家庭的消费是一个正向的影响，它会带来家庭消费的增加。其机制是，由于住房价格的上升，家庭从中获得的收益增加，从而可以扩大消费；同时财务状况也得到改善进一步会扩大家庭的消费水平，从而带来产出的增加。

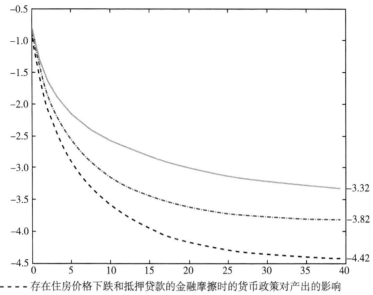

存在住房价格下跌和抵押贷款的金融摩擦时的货币政策对产出的影响
没有住房价格下跌，但存在抵押贷款的金融摩擦时的货币政策对产出的影响
不存在住房价格下跌和抵押贷款的金融摩擦时的货币政策对产出的影响

图6-4　货币政策冲击对产出损失的影响

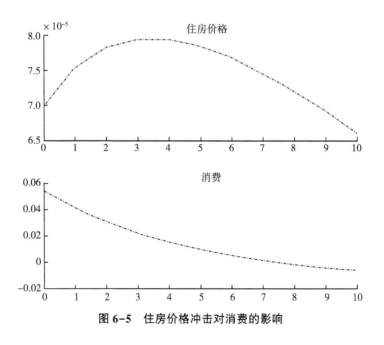

图6-5　住房价格冲击对消费的影响

（三）利率冲击下个变量的变化情形

我们来考察货币政策冲击下，各个宏观经济变量的变化情况。首先我们观察图 6-6 中的左上图，货币政策对的正向冲击使得名义利率上升，经过 5 期后回到均衡位置；其次看右上图，它是用来观察通货膨胀面对货币政策正向冲击的动态变化情形，我们看到，通货膨胀快速下降，第 4 期时回到均衡位置接着出现一个通货膨胀保持在正的水平；左下方显示的是住房价格面对货币政策正向冲击的反应，我们发现利率冲击对住房价格的影响非常明显带来了住房价格的急剧下跌，最后发现货币政策正向冲击对住房价格产生持续的方向影响；在金融摩擦存在的条件下，我们看右下方产出的反应图，可以看出货币政策对产出的影响不但明显而且持续时间也较长。

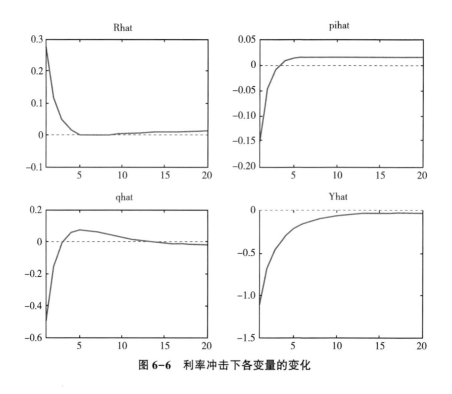

图 6-6　利率冲击下各变量的变化

综合来看，在央行名义利率的冲击下，住房价格发生了变化，货币政策对住房价格的影响较为明显，尤其是考虑了存在金融摩擦时的金融加速器机制，货币政策对住房价格的影响更加明显。住房价格的上升带动了家庭资产负债表的改善，增加了住房拥有者的总资产，同时净资产也随着增加，转移收益部分也增加，促进了消费的扩大和住房生产投资的加大。在金融摩擦存在的情况下，货币政策的影响加大，货币政策的冲击会带来对关于住房价格、消费以及住房投资的影响放大。当面临利率正向冲击时，名义利率的提高带来住房价格的下降，住房价格的下降使得家庭的资产负债结构发生改变，家庭财务杠杆率提高，财务杠杠率的提高使得家庭边际融资成本上升，边际融资成本的上升使得转移收益减少，金融摩擦通过金融加速器机制作用后，对消费和投资的影响进一步加大。

第四节　结　论

本章通过对中国房地产市场的考察，发现货币政策与住房价格之间存在密切关系。通过构建存在金融摩擦的动态一般均衡模型，重点分析货币政策对住房价格、消费和投资产生影响的传导机制。

第一，住房已经成为家庭财富的重要组成部分，住房价格的波动直接影响到家庭的消费支出，从而影响到宏观经济的稳定。

第二，由于我国金融市场存在信息不对称以及金融摩擦，金融加速器机制作用往往会放大经济波动，因此住房价格的波动会进一步放大和加剧宏观经济的波动。

第三，货币政策中的利率冲击对住房价格的影响较为明显，由于金融加速器机制的存在，名义利率的冲击会带来住房价格波动进而传导至整个宏观经济的波动。

第四，由于住房市场存在金融摩擦，房地产价格波动的金融加速器效应会对整个宏观经济产生影响，同时，金融摩擦的存在，货币政策当局在选择最优货币政策时要考虑将房地产价格纳入货币政策规则。

第五，为了保证纳入房价因素的货币政策对房价调控的有效性，应该加速推进利率市场化进程，构建完善的利率传导体系。

第七章 资产价格波动下的最优货币政策

——基于中国房地产市场

第一节 引 言

在没有关注住房价格之前，传统上，货币政策当局能够对经济中的冲击做出较为合适的反应：一是如果冲击只影响需求，货币政策中的补偿性变化可以同时消除通货膨胀损失和产出损失；二是当冲击影响到价格调整曲线时，最优的政策反应时，按照适当的规则，在降低通货膨胀率和失业率增加之间进行选择。

具体的最优货币政策实施的例子莫过于泰勒规则，在实际经济运行中，我们如果发现实际 GDP 超过潜在 GDP 时，或者发现实体经济中通货膨胀率超过目标通货膨胀率时，遵循泰勒规则可以有效消除经济中的波动。

泰勒规则具体形式如下：

$$r = (1+\delta)\pi + \eta\hat{y} + R^* - \delta\pi^* \tag{7.1}$$

其中，π 为通货膨胀率，$\hat{y}$ 为产出缺口，R^* 为均衡利率，π^* 为目标通货膨胀率。从泰勒规则的具体形式来看，该货币规则可以起到稳定宏观经济的作用。当通货膨胀率超过目标通货膨胀率时，货币政策当局可以采取超过通货膨胀率上升的幅度来提高名义利率，从而提高实际利率。

如图 7-1 所示，最优的货币政策就是政策可能性边界上的最优点，即与原点距离最近的无差异曲线上的切点。泰勒规则可以保证政策的可能边界①与社会无差异曲线②之间保持相切，在这种意义上泰勒规则和最优货币政策保持一致。

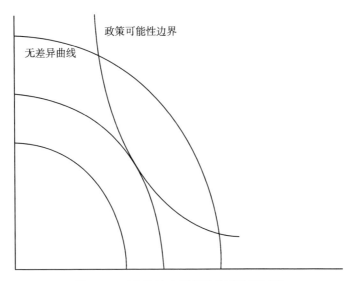

图 7-1　对价格冲击做出的最优政策反应

从图 7-1 我们也可以观察到无差异曲线越接近原点，社会损失越少。可能性边界越向左下方移动，社会损失也会越少，社会福利就会提高。最优货币政策就是要求依据经济环境的变化，选择最优点来保证社会福利损失最小。最优货币政策就是保证宏观经济的稳定。

在没有出现 2008 年金融危机之前，最优货币政策的传统目标有两个，一个是维持适度的通货膨胀率，另一个就是稳定经济产出，使得经济产出缺口处于较小的变动，避免整个宏观经济出现较大波动。在危机之后，货币政策的制定者和研究者发现，传统的货币政策目标并不能避免经济出现大的波动，仅仅关注货币政策目标中的通货膨胀率和产出缺口还不能稳定

---

①　是指达到就业和价格稳定的组合。

②　是指通货膨胀损失和产出损失的社会偏好。

经济。

此次危机最大的发现就是以住房价格为代表的资产价格暴涨暴跌并没有在通货膨胀价格上反映出来，住房价格的暴跌带来了金融危机和接踵而来的经济危机，对经济造成的实质性伤害超过历次危机。在货币政策目标中关注以住房价格为主的资产价格成为实施最优货币政策的必须。之所以货币政策当局没有关注住房价格，依据伯南克（1999）在其经典论文中证明除非资产价格没有能够反映在通货膨胀预期中时，货币政策目标中才有关注的必要。当时的住房市场在国民经济中占比较低，同时对住房市场的研究文献还不多见，对于住房价格的变化没有引起足够的重视，对资产价格中的股票价格关注较高，由于股票市场发展相对完善，金融摩擦较小，股票价格变化的信息能够较快地传递到通货膨胀预期上，因此提出货币政策目标对资产价格进行"善意"的忽视。随着时间的推移，家庭财富中住房占比已经处于较高的份额，其总价值无论是美国还是中国都超过了 GDP，住房价格的波动对经济的影响开始凸显，住房价格的变化与股票类资产价格的变化不同，存在着较强的金融摩擦，同时金融加速器机制放大了住房价格的波动，给实体经济带来了持久而又严重的危害。

住房价格的特性使得住房价格不能在通货膨胀中反映出来，因此有的研究者提出将住房价格纳入通货膨胀中从而保持货币政策目标的不变。但是考虑到住房的特征，将住房价格纳入 CPI 显然并不可行。原因在于：一是住房具有的双重属性，它不仅具有消费品的特征同时还兼具投资品的属性；二是住房作为耐用品，在购买和使用上存在较长时期的时间间隔；三是住房支出在家庭支出中份额较大，一旦纳入 CPI，住房价格的波动会导致 CPI 波动更加剧烈。

在过去的二十多年时间里，全球许多国家和地区的住房价格都经历了剧烈的波动，同时也给实体经济带来了严重的危害。发生在 20 世纪 90 年代早期的瑞典住宅市场以及本轮经济危机中的美国、英国、爱尔兰和西班牙的住宅市场都经历了住房价格的大起大落（见图 7-2）。住房价格的大幅波动也给宏观经济带来了巨大的打击。

来自上述国家住房价格的生动事例告诉我们，没有一个国家的住房市

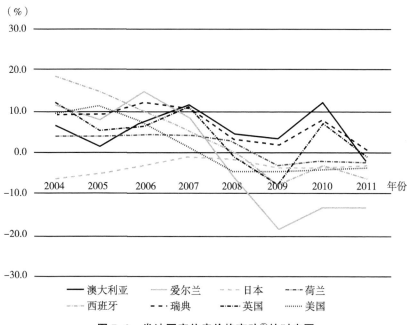

图7-2 发达国家住房价格变动①的时序图

资料来源：经济合作与发展组织（OECD）。

场只会上升不会下降，长期的价格上涨必然会带来情形倒转的拐点，暴跌的结果必然会带来国家产出的巨大损失。Reinhart 和 Rogoff（2009）的研究指出，20世纪70年代以来在发达国家发生的银行危机有六次与住房价格急剧下降有关。同样地，这种住房价格暴跌与银行危机相伴出现的规律也适用于新兴市场国家和地区，20世纪90年代末爆发的亚洲金融危机，也导致了住房价格出现崩盘。

　　住房价格崩盘会带来家庭和金融部门的资产负债表实质性恶化，所以会比其他原因导致的危机带来更为严重的后果。Claessen、Kose 和 Terrones（2008）通过对1960~2007年跨国面板数据进行分析后指出，由住房价格崩盘带来的经济危机其损失是其他类型危机损失的2到3倍。同时，他们的研究还发现，住房价格引起的危机持续时间也较其他类型危机更为持

---

　　① 名义价格变化百分比（环比）。

久;时间跨度平均达到 18 个季度之久;其他类型所引发的危机通常持续不超过 4 个季度。住房价格的急剧下降也给家庭形成较大的财务负担,加重的财务负担严重地影响了家庭预期并使得远期的消费和投资都受到制约。

对于大多数家庭来说,购买住房往往需要使用住房贷款,所以货币政策和家庭的财务状况对住房价格有着显著的影响①。Stein（1995）,Kiyotaki 和 Moore（1997）认为家庭在使用住房贷款时存在门槛限制,家庭只能获得首付一定倍数的贷款,这种门槛就会使得金融加速器机制发挥作用,当家庭的财富水平受到正向冲击时,会通过财务杠杆成倍放大,进而影响到住房价格。当一个国家利率水平不断持续降低时,就会带来资产价格的上升进而会使家庭的财富水平被推高,进一步推高住房价格。家庭财务杠杆越高的国家和地区住房价格涨幅越大。

当住房价格开始下降时,金融加速器机制会加剧住房价格的下跌。通常情况下当住房价格下跌时,住房拥有者所负担的住房贷款低于住房重置价格总额,但是金融机构发放贷款的标准开始收紧,导致住房购买者融资困难,就会选择违约,违约的结果会进一步使其信用下降,越发难以获得贷款,无力购买住房,从而导致住房价格进一步的下跌。伴随着购房人违约的出现,贷款机构开始回收住房并进行出售,供给的增加使得住房价格进一步下降。当经济处于衰退时,贷款标准的收紧使得大量潜在的购房者无法进行住房购买,减少的需求进一步打击了房价。面对住房价格的急剧下跌,许多住房拥有者陷入资不抵债的困境,放弃住房的概率开始急剧上升。住房价格进一步下跌成为必然。美国住房价格暴跌引发的全球经济危机,与货币政策方面长期维持较低的基准利率水平,然后突然收紧密不可分。

我国房地产市场从 1998 年起开始取消福利分房制度,以促使住宅产业成为中国经济新的增长点为标志,拉开了中国住房制度改革的序幕。从2000 年开始中国的住房商品化全面展开,房地产市场快速发展,房地产呈现出高度的繁荣,房地产业已经成长为国民经济的支柱产业（见表7-1）。

---

① 当然,推动住房价格上升的因素还应该包括收入、人口结构等。

表 7-1　1998~2010 年中国房地产业发展与宏观经济主要指标对比

年份	GDP 增长率（%）	固定资产投资增长率（%）	房地产投资增长率（%）	房地产投资占 GDP 比例（%）	商品房均价增速（%）
1998	7.8	13.9	13.7	4.28	3.28
1999	7.6	5.1	13.5	4.58	-0.48
2000	8.4	10.3	21.5	5.02	2.88
2001	8.3	13.0	27.3	5.79	2.75
2002	9.1	16.9	22.8	6.47	3.71
2003	10.0	27.7	30.3	7.48	4.86
2004	10.1	25.8	29.6	8.23	15.02
2005	10.4	26.0	20.9	8.69	16.72
2006	11.6	23.9	22.1	9.17	6.29
2007	11.9	24.8	30.2	10.13	14.77
2008	9.0	25.9	20.9	10.17	-1.66
2009	9.2	30.0	16.1	10.63	23.19
2010	10.4	23.8	33.2	12.03	7.51

资料来源：中国国家统计局网站《中国统计年鉴》（2011）。

从表 7-1 可以看出，从 1998 年到 2010 年的 13 年里伴随着中国经济的快速成长，我国的房地产发展迅速，房地产投资占 GDP 的比重不断上升，从 1998 年的 4.28% 增加到 2010 年的 12.03%，在 GDP 中的份额增长了近两倍，房地产投资增长速度与固定资产投资增长速度相比多数年份快于后者。房地产业对相关产业的拉动上也十分明显，依据国家统计局课题组（2005）的数据显示，房地产业每 100 元的产出可以其他相关行业约 216 元的产出，同时也带动大量就业。房地产业的高速发展推动中国经济的快速增长。

房地产业高速发展的同时也带来了问题，住房价格的过快增长也给中国经济的持续健康发展产生了巨大的隐患和威胁。从表上看除了 1999 年和 2008 年经济危机的外部影响以外，其他年份的商品房价格始终处于增长趋势，尤其是 2003 年以来商品房价格进入井喷的 2004 年和 2005 年，商品房价格持续两位数增长，在 2009 年房价增速达到 23.19% 的历史新高。虽然我国的经济快速增长和家庭可支配收入的提高支撑了住房价格的上升，但是持续过快的房价增长显然超出了其合理范畴。20 世纪 90 年代末日本房地产泡沫的破灭和 2008 年美国、美国、英国、爱尔兰和西班牙住宅市场的住房价格暴跌给经济带来的巨大危害，为中国住房价格不合理的上升带来了警示。房地产泡沫的形成以及抑制房地产泡沫都和货币政策紧密相关，应通过在抑制房地产泡沫的成本和收益中寻找最优的货币政策。

在长达三十年的经济高速增长和社会快速发展中，货币政策当局逐渐形成了具有中国特征的货币政策目标，那就是为中国的经济平稳快速增长和经济结构调整创造稳定的宏观金融环境，尤为重要的是要保证整体价格水平与经济发展水平相适应的适度水平。

然而，以最优的方式实施货币政策并不是一件很轻松的事情。我们需要对经济中的冲击做出恰当的反应。

因此，寻找一个适宜中国特征的货币政策目标来实施货币政策实现宏观经济的稳定。最优货币政策就需要全面理解通货膨胀率、产出缺口和资产价格[①]对宏观经济的影响和对社会福利造成的损失，发现一个社会福利损失最小的货币政策。本章尝试建立通过最小化社会福利损失得到适宜中国经济特征的最优货币政策。

第二节　文献综述

在产品市场和要素市场处于完全竞争的条件下，以及价格具有弹性的条件下，Cooley 和 Hansen（1989）曾经将货币作为变量进入的 RBC 模型中。他们的研究发现，实际经济与货币是二分的。实际变量的变化与货币政策独立不相关，货币政策对实际经济中的产出就业毫无影响。同时还注意到，虽然货币政策对实际经济变量不发挥作用，但是对于名义变量的影响确实是显而易见的，货币政策的变化直接使得一般价格水平或者是通货

---

① 主要考虑住房价格。

膨胀率发生变化。如果不将交易摩擦考虑进来，家庭效用函数中效用的变化只和实际变量相关，实际变量的变化不受货币政策变化的影响。换句话说，货币政策的变化和实施不能导致家庭效用产生丝毫波动。也就是说，社会福利与货币政策没有任何关系，货币政策无所谓最优。

货币政策无关的结论来自对交易摩擦为零的假设，一旦在弹性价格下引入交易摩擦，货币无关的结论就要进行修改。Friendman（1969）给出了考虑交易摩擦的最优货币政策，也就是著名的弗里德曼规则（Friendman Rule）。该规则认为最优的货币政策应该是保持名义利率为零，通货膨胀率与负的实际利率一致的水平，也就是要求二者相等。他认为在这一货币规则下可以保证家庭持有货币的机会成本和货币制造的社会成本相互抵消①。

与货币政策无关的结论的直接结果就是货币政策中性论。货币政策中性论的观点否定了货币政策选择和变化的意义，同时也否定了货币政策制定当局实施积极货币政策的正当性。理论是为现实服务的，任何一个理论都要经得住现实的检验，Freindman 和 Schwartz（1963）使用美国从 1867 年至 1960 年长达近百年的年度时间序列数据来分析货币政策对实际经济的影响，通过分析发现货币政策非中性，货币政策可以对实际经济产生影响。Friendman 等的研究激发研究者的兴趣，对货币政策非中性的研究开始增多。随着宏观经济学经验研究方法的改进，对货币政策与实际经济关系的研究有了技术上的突破，Christiano、Eichenbaum 和 Evans（1999）使用向量自回归（VAR）方法令人信服地证明货币政策非中性的存在。货币政策对实际经济是有影响的。

凯恩斯主义学派认为，价格完全弹性的前提假定是不符合事实的，正是这一假定导致了货币中性论的理论结论无法对现实特征进行解释。传统的凯恩斯主义学派认为价格是存在黏性的，但是翻阅早期的传统凯恩斯主义的文献中的模型方程来自于经验解释缺乏微观基础作为支撑，受到 Lucas 等的诘难，"Lucas 批评"也成为凯恩斯主义发展的动力，新凯恩斯学派的中坚 Mankiw（1989）对于凯恩斯微观基础价格黏性的研究做出了

---

① 机会成本和社会成本近似为零。

巨大贡献；随之，Kydland 和 Prescott（1982）的实际经济周期模型（RBC）的创立，使得凯恩斯主义的发展进入新的阶段，新凯恩斯主义经济学家 Yun（1996）较早尝试将具有微观基础的价格黏性引入 RBC 模型中。在一般均衡中引入价格黏性的主流做法是 Calvo（1983）提出的交错定价法。该种方法的使用可以体现出动态化的价格调整机制，利用边际成本和产出缺口推导出具有扎实微观基础的新凯恩斯主义特征的菲利普斯曲线（NKPC），同时该方法可以在宏观模型中进行具体使用。

McCallum 和 Nelson（1999）证明了在分析货币政策时不需要考虑资本。新凯恩斯模型在结合了跨期最优化选择和价格黏性之后，又开始考虑需求决定产出的判断，在将垄断竞争引入到模型之后，改变了在完全竞争条件下厂商利润只受技术支配的格局，厂商利润最大化在垄断竞争条件下还要受到需求的约束。厂商的最优化决策受到产品需求的约束，最优定价和最优产量都要考虑产品需求。产品体现出 Dixit 和 Stiglitz（1977）形式，黏性价格的出现和引入，使得货币政策非中性的结论不再饱受 Lucas 式的批评。在将黏性价格和垄断竞争结合起来建立新凯恩斯模型方面，Blanchard 和 Kiyotaki（1987）以及 Rotemberg（1987）进行了较早的尝试。

当我们只考虑价格黏性时，最优货币政策就是保持通货膨胀率为零，而不再是原来的负通货膨胀率。最优的货币政策理论给出较为权威描述的是 Schmitt-Grohe 和 Uribe（2010）以及 Woodford（2010）为《货币经济学手册》所撰写的文献。

关于讨论最优货币政策问题的方法，我们主要遵循 Woodford（2005）的描述，具体做法是首先将确定货币政策目标，即确定效用函数，其次将货币政策目标效用函数进行泰勒二阶近似，最后对货币政策的约束方程进行一阶近似。这种方法的优点在于仅仅需要考虑一次结构方程的二阶近似。

这种新凯恩斯货币政策科学（Clarida 等，1999），告诉我们货币最优政策流行做法就是 Woodford（2010）提出的采用二阶近似的方法，把社会福利函数作为目标函数，寻找福利最大化时货币政策使经济达到拉姆齐均衡状态时，该政策就为最优货币政策。但是货币政策当局采取何种规则却取决于货币政策的最优化目标。Mankiw 和 Reis（2001）提出最优货币政策只要盯住商品和服务价格就能保证就业的稳定；而 Bell 等（2005）认为最优的货币政策是灵活价格水平目标，目标通货膨胀和收入目标都是次优政策，在货币政策操作上，他们建议区分波动来源，对源于需求方面冲击时应尽快调整价格水平，针对供给方面的冲击则要求货币政策平滑调整。Branch 等（2009）则指出遵循稳定一般价格水平路径的政策效果会更好。Reis（2009 ab）认为由于黏性的普遍存在，从目标规则与利率规则实施的效果来看，后者表现更好。最优利率规则在对参数不确定性的稳健程度上比前者更具优势。

在货币政策目标确定上，通常的做法是将货币政策目标体现为跨期损失函数的现值加总的期望。最优货币政策为最小化货币政策目标函数。在较早的文献中，众多研究者认为即期社会损失函数是实际通货膨胀率与目标通货膨胀率离差的平方加上实际产出与目标或者是潜在产出离差和。在货币政策目标函数设定之前，需要进行两方面的确认：一个是两个离差平方和的加权权重值的认定，另一个是目标通货膨胀和目标产出值的大小。在判断这两方面认定上 Woodford（2001）给出了有力的证明，结论表明传统的以损失函数为基础的货币政策目标与以效用最大化为基础的货币政策目标之间存在一致性。在成本冲击的情形下，产出缺口和通货膨胀就不能同时保持为零，就需要进行一些政策上的权衡，综合 Friendman（1969）、Kydland 和 Prescott（1977）、Dennis（2001）、S. Casellina 和 M. Uberti（2008）、Wood-ford（2010）等的研究发现，时间一致性（time consistent）的最优货币政策优于相机抉择（optimal discretionary policy）下的最优货币政策。时间一致最优货币政策与社会损失或者社会无差异曲线的切点离原点更近。

在 2008 年危机之前，保持物价的稳定是货币政策的首要目标，一般物价被定义为消费价格指数的不同形式，资产价格尤其是住房价格并没有在考虑之内，但是危机的爆发使得货币政策决策当局意识到仅仅关注物价和产出缺口难以保证经济活动水平的稳定。

在物价黏性和垄断竞争的基础之上，将住房的价格黏性以及金融加速器机制引入模型，最优货币政策也要重新面临权衡。原因是传统的最优货币政策不能实现通货膨胀、产出缺口以及住房价格零泡沫同时实现。最优的货币政策将在通货膨胀、产出缺口和住房价格缺口之间进行判断和抉择。黏性较大的变量将获得较高的权重。

对于中国住房价格和货币政策的研究 2008 年以来逐渐引起了研究者的关注，王擎和韩鑫韬（2009）认为货币政策不宜直接盯住资产价格，赵昕东（2010）则认为货币政策应该关注住房价格。在判断银行是否已经关注住房价格上，李强（2009）、赵进文和高辉（2010）认为中国人民银行已经关注了资产价格尤其是住房价格。在将住房价格纳入货币政策效果上来看，肖争艳和彭博（2012）认为纳入住房价格可以减少宏观经济波动。

第三节 最优货币政策模型构建与分析

一、最优货币政策模型构建

关于家庭和厂商的行为我们采用上一章的描述，对于货币政策依然采用利率规则，但是和上一章的区别在于，方程的右边多了一项，即住房价格：

$$R_t^n = \tau_R R_{t-1} + \tau_y y_t + \tau_\pi \pi_t + \tau_q q_t + \varepsilon_{R,t} \tag{7.2}$$

由于住房市场存在着金融摩擦，因此我们将住房价格引入货币政策规则中，上一章中在家庭效用函数中家庭的消费包括住房消费，家庭一生的效用函数的二阶近似可以表达为如下形式[1]：

$$\Re = -\frac{1}{2} E_0 (\sum_{t=0}^{\infty} \beta^t L_t) \tag{7.3}$$

其中，L_t 为即期损失函数，它是产出缺口、通货膨胀率和资产价格缺口的平方加权和，即：

$$L_t = \lambda_y y_t^2 + \lambda_\pi \pi_t^2 + \lambda_q q_t^2 \tag{7.4}$$

---

① 在这一表达式里我们省略了与货币政策无关的项。

中央银行制定的最优货币政策就是，在面临上一节所描述的约束时，最大化目标效用函数式（7.3）。

二、参数估计

基于考察的中国自 1998 年以来的房地产市场变化以及货币政策的最优化调整，我们注意到房地产市场在 1999 年至 2003 年发展处于较为平稳的阶段，年均同比增长 3.5%。自 2003 年开始房地产市场开始出现过热的情形，因此本书所选取的样本为 2003 年至 2011 年的数据，由于采用数据为季度数据，样本区间为 2003 年第 1 季度至 2011 年第 4 季度，样本数为 36 个。

对于名义利率的选取，我们选取全国银行间同业拆解市场 7 天同业拆解平均利率。之所以选择全国银行间同业拆解利率作为名义利率代理变量，主要基于两点考虑：一是货币政策的反映程度，二是市场化程度。其波动程度可以和货币政策以及住房价格进行较好的匹配。

产出缺口：我们首先得到利用 GDP 平减指数求出实际 GDP，其次进行季节调整，取对数后利用 HP 滤波去除数据趋势后得到所需的产出缺口或稳态偏差。

通货膨胀率：在通货膨胀率的选取上，肖争艳等（2012）采取加权平均法求得数据，从简洁以及市场化程度来看，在中国 CPI 是衡量通货膨胀率较好的代理变量，于是我们选取 CPI 作为通货膨胀率的代理变量。

房地产价格：基于样本数据的统计口径，我们利用中经网数据库的房地产销售额除以销售价格指数中月度数据，采用算数平均计算得出季度数据来代表房地产价格。

对于校准参数我们利用已有的经验研究来获取和确定，这在上一章已经进行了论述，下面我们重点对部分模型参数利用贝叶斯估计来获得，贝叶斯估计的优势是能够方便和直接利用先验信息。在使用贝叶斯估计时首先要先设定参数为随机变量，也就是说参数具有一定的时变形，通过估计得到模型参数化的条件概率分布表达，条件主要依赖于模型结构、实际观测数据和参数的先验分布；利用实际观测数据样本和结构模型我们得到似然函数；然后利用贝叶斯法则将求得的似然函数和先验参数分布结合产生后验分布（见表7-2）。

表 7-2　贝叶斯估计参数的先验分布及后验分布

	先验分布			后验分布		
	分布	均值	标准差	均值	置信区间上限	置信区间下限
ξ	Beta	0.75	0.1	0.72733	0.58826	0.85204
θ	Beta	0.85	0.1	0.80744	0.67064	0.94571
η	Normal	1	0.2	0.99399	0.84303	1.12663
ρ_A	Beta	0.95	0.1	0.924	0.7185	0.7965
ρ_G	Beta	0.9	0.1	0.9019	0.4718	0.5374
ρ_h	Beta	0.9	0.1	0.9019	0.4718	0.5374
ρ_π	Beta	0.9	0.1	0.8747	0.6864	0.8401
ρ_R	Beta	0.9	0.1	0.8477	0.1027	0.1848
σ_R	Gamma	0.2	1	0.2527	0.2237	0.2811
σ_G	Gamma	0.2	1	0.0481	0.0283	0.0672
σ_π	Gamma	0.2	1	0.1803	0.1488	0.2124
σ_A	Gamma	0.2	1	0.6316	0.5338	0.7728
σ_h	Gamma	0.2	1	0.2481	0.2027	0.2907

第四节　模型求解与模拟分析

利用 Dynare4.2.0 进行模型求解和分析，我们得出包含住房价格的最优货币政策：

$$R_t^n = 0.32R_{t-1} + 0.48y_t + 1.23\pi_t + 0.19q_t$$

在最优货币政策下，面对住房价格缺口波动相关变量的反应如图7-3所示。

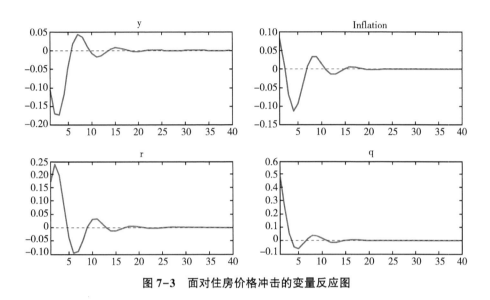

图7-3 面对住房价格冲击的变量反应图

在最优货币政策下，我们来观察住房价格缺口冲击下，各个经济变量的反应情形。在最优货币政策下，我们首先观察左上方图，它是产出面对住房价格缺口冲击的反应，可以看到产出快速出现下降，接着大约在第三期下降到谷底，然后开始上升，出现较为明显且时间较长的波动，一直大约18期才恢复均衡；其次看右上方的通货膨胀反应图，通货膨胀先表现为快速下降，到第4期时到达谷底，接着开始出现周期性波动，大约在20期恢复均衡；再次左下方显示的是利率的变化，我们可以看到利率反应更为激烈，先出现上升，在2期达到波峰，接着反向下移直到6期达到谷底，然后开始出现周期性变化直到17期恢复均衡；最后住房价格自身面对冲击时，波动较小，持续时间也相对较短，波动持续大约15期结束，重新恢复均衡。

第五节　结论与政策建议

由于金融摩擦的存在，住房价格的波动通过金融加速器机制使得宏观经济波动加剧，同时当住房市场存在价格黏性，货币政策当局制定的目标函数中不再像传统条件下只考虑产出缺口和通货膨胀率的加权平方和。此时应将住房价格变动也纳入目标函数，也就是说目标函数中应该含有产出缺口、通货膨胀率和住房价格变动率的平方项之和。由于不能同时使三者的平方和同时为零，因此需要在三者之间进行权衡，通过损失函数的损失值最小来找到最优货币政策。

我们通过把住房消费或者服务引入效用函数，房地产价格变化对消费者的消费决策从而影响到对住房需求以及房地产的供给行为。同时，在引入价格黏性、投资调整成本、融资成本等金融摩擦和成本的约束条件下，建立了包含房地产生产和消费以及家庭融资成本的动态随机一般均衡模型，刻画住房价格、宏观经济和货币政策之间的内在联系。

从我国最优货币政策的表达式来看，住房价格每上升 1%，就需要央行提高 0.19% 的货币利率来应对住房价格的上升，可以看出对于住房价格的变动需要央行温和的对待。温和地应对住房价格是我国的最优货币政策，可以很好地减少宏观经济通货膨胀和产出的波动，最小化社会损失即最大化整个社会的福利水平。

从前文的分析来看，货币政策是造成中国住房价格波动的主要原因，对我国住房价格的波动进行了初步的研究和探讨，将住房和住房价格引入模型中构建了动态随机一般均衡模型，刻画了住房价格和宏观经济以及货币政策之间的动态影响机制，有助于货币政策当局更好地保持宏观经济的稳定。

基于上述结论，我们认为货币政策在应对住房价格波动时，应采取如下政策：

首先，我们要求货币政策当局不能"善意"忽视住房价格的波动。货币政策要紧盯住房价格的波动，从而降低宏观经济的波动。由于住房价格受到利率影响较大，因此关于住房价格变化应重点考察资金的使用成本从而保证资金的流向，减少投机资本对住房价格的冲击。

　　其次，当住房价格存在泡沫时，央行要充分考虑实施货币政策的成本和收益。在实施货币政策时，央行要正确判断当前宏观经济状况和未来发展趋势；在货币政策目标中正确和审慎选择通货膨胀目标，准确判断潜在产出水平，以及住房价格正常增长水平。在此基础之上，进行最优货币政策的实施。

　　再次，为了保证我国最优货币政策的有效性，要提高利率传导机制的水平。因此就要求央行尽快推进利率市场化，建立完善有效的利率期限结构体系，具体就是建立类似发达金融市场体系，即建立央行利率为基准，金融市场利率为价格，货币市场利率为中介的完善和有效的利率体系。

　　最后，央行为了更好地实现资产价格的稳定，从而降低整个宏观经济的波动，就需要同时采用复合调整机制，利用多种政策工具相互协调实施。在中国当前阶段，货币信贷规模和大众预期也影响住房价格，就需要货币政策当局从住房供给方也就是住房投资的信贷需求①、住房需求方也就是家庭融资规模两方面进行调控；同时通过准备金率和公开市场业务来影响公众的预期等综合机制，从而有效实现稳定住房价格和宏观经济的目的。

---

　　① 信贷渠道，主要是信贷规模。

参考文献

一、中文部分

［1］白暴力、梁泳梅：《当前世界金融危机——经济危机的原因与后果》，《经济学动态》2008年第12期，第49-55页。

［2］曹文辉：《美国信用危机：成因、风险传导与制度变革》，《经济学动态》2008年第10期，第4-10页。

［3］曹振良、傅十和：《房地产泡沫及其防范》，《中国房地产》2000年第2期，第7-11页。

［4］昌忠泽：《流动性冲击、货币政策失误与金融危机——对美国金融危机的反思》，《金融研究》2010年第7期，第18-34页。

［5］陈斌开、徐帆、谭力：《人口结构转变与中国住房需求：1999～2025——基于人口普查数据的微观实证研究》，《金融研究》2012年第1期，第129-140页。

［6］陈昆亭、龚六堂：《粘滞价格模型以及对中国经济的数值模拟》，《数量经济技术经济研究》2006年第8期，第106-117页。

［7］陈磊：《中国转型期的信贷波动与经济波动》，《财经问题研究》2004年第9期，第16-30页。

［8］陈利平：《货币存量中介目标制下我国货币政策低效率的理论分析》，《金融研究》2006年第1期，第40-50页。

［9］陈强：《高级计量经济学及Stata应用》，高等教育出版社2010年版。

［10］陈享光、袁辉：《金融资本的积累与当前国际金融危机》，《中国人民大学学报》2009 年第 4 期，第 9-15 页。

［11］陈颖玫、张靖峰：《美国次级抵押贷款风险对我国住房抵押贷款市场的启示》，《西南金融》2007 年第 12 期，第 19-20 页。

［12］陈雨露、汪昌云：《金融学文献通论》，中国人民大学出版社 2006 年版，第 226-240 页。

［13］成家军：《资产价格与货币政策：美国的经验教训及启示》，《中国金融》2008 年第 18 期，第 55-56 页。

［14］崔光灿：《资产价格、金融加速器与经济稳定》，《世界经济》2006 年第 11 期，第 59-69 页。

［15］戴国海：《金融危机对传统货币政策的冲击与挑战》，《金融与经济》2011 年第 8 期，第 54-58 页。

［16］戴国强、张建华：《中国金融状况指数对货币政策传导作用研究》，《财经研究》2009 年第 7 期，第 52-62 页。

［17］戴金平：《美国金融危机性质和影响的基本判断》，《南开大学校报》2008 年 10 月 24 日。

［18］（美）戴维·N.德容、（美）舍唐·戴夫：《结构宏观计量经济学》，龚关、许玲丽译，上海财经大学出版社 2010 年版。

［19］邓国营、甘犁、吴耀国：《房地产市场是否存在"反应过度"?》，《管理世界》2010 年第 6 期，第 41-49 页。

［20］邓瑛：《论金融资产价格与货币政策传导》，《云南财贸学院学报》2005 年第 4 期，第 13-18 页。

［21］丁晨、屠梅曾：《论房价在货币政策传导机制中的作用——基于 VECM 分析》，《数量经济技术经济研究》2007 年第 11 期，第 106-114 页。

［22］杜艳：《房地产信贷六年曲折反复》，《21 世纪经济报道》2008 年 11 月 17 日。

［23］段忠东：《房地产价格与通货膨胀、产出的关系——理论分析与基于中国数据的实证检验》，《数量经济技术经济研究》2007 年第 12

期，第 127-139 页。

[24] 樊明太：《金融结构及其对货币传导机制的影响》，《经济研究》2004 年第 7 期，第 27-37 页。

[25] 丰雷、朱勇、谢经荣：《中国房地产泡沫实证研究》，《管理世界》2002 年第 10 期，第 57-64 页。

[26] 高波、王辉龙、赵奉军：《转型期中国房地产市场成长：1978—2008》，经济科学出版社 2009 年版，第 174-175 页。

[27] 高铁梅：《计量经济分析方法与建模》，清华大学出版社 2006 年版。

[28] 郭田勇：《资产价格、通货膨胀与中国货币政策体系的完善》，《金融研究》2006 年第 10 期，第 23-35 页。

[29] 何秉孟：《金融改革与经济安全》，社会科学文献出版社 2007 年版。

[30] 洪开荣：《房地产泡沫形成、吸收与转化》，《中国房地产金融》2001 年第 8 期，第 10-13 页。

[31] 侯成琪、龚六堂：《住房价格应该纳入通货膨胀的统计范围吗?》，《统计研究》2012 年第 4 期，第 8-16 页。

[32] 胡援成：《对外开放中的金融稳定与金融安全》，《广东金融学院学报》2008 年第 3 期，第 112-121 页。

[33] 黄炎龙、陈伟忠、龚六堂：《汇率的稳定性与最优货币政策》，《金融研究》2011 年第 11 期，第 1-17 页。

[34] 黄泽民：《中国金融运行研究》，经济科学出版社 2008 年版，第 105-114 页。

[35] 黄征学：《当前市场并未出现全国性的房地产泡沫》，《中国房地产信息》2004 年第 204 期，第 10-11 页。

[36] 黄志刚：《资本流动、货币政策与通货膨胀动态》，《经济学》（季刊）2010 年第 4 卷，第 1331-1358 页。

[37] 黄志刚、颜晖、黄叶苠：《基于货币政策效应的经济走势判据的有效性检验——以次贷危机中的美国经济为例》，《数量经济技术经济

研究》2010 年第 11 期，第 127-141 页。

[38] 姜春海：《中国房地产市场投机泡沫实证分析》，《管理世界》2005 年第 12 期，第 35-38 页。

[39] 瞿强：《资产价格与宏观经济政策的困境》，《管理世界》2007 年第 10 期，第 139-149 页。

[40] 况伟大：《房地产投资、房地产信贷与中国经济增长》，《经济理论与经济管理》2011 年第 1 期，第 59-68 页。

[41] 况伟大：《房价变动与中国城市居民消费》，《世界经济》2011 年第 10 期，第 21-34 页。

[42] 况伟大：《利率对房价的影响》，《世界经济》2010 年第 4 期，第 134-145 页。

[43] 李成、马文涛：《货币政策应该关注资产价格和汇率吗?》，《广东金融学院学报》2010 年第 3 期，第 34-46 页。

[44] 李成、王彬、马文涛：《资产价格、汇率波动与最优利率规则》，《经济研究》2010 年第 3 期，第 91-103 页。

[45] 李春吉、孟晓宏：《中国经济波动——基于凯恩斯主义垄断竞争模型的分析》，《经济研究》2006 年第 10 期，第 72-82 页。

[46] 李宏：《金融结构与经济发展关系研究新进展》，《经济学动态》2009 年第 2 期，第 111-116 页。

[47] 李琼、王志伟：《利率规则理论研究的新进展》，《经济学动态》2008 年第 1 期，第 83-87 页。

[48] 李雪松、王秀丽：《工资粘性、经济波动与货币政策模拟——基于 DSGE 模型的分析》，《数量经济技术经济研究》2011 年第 11 期，第 22-33 页。

[49] 李雅丽：《货币政策与资产价格》，《上海金融》2011 年第 3 期，第 44-50 页。

[50] 李永宁、郭玉清、赵钧：《泰勒规则：一个新的解释》，《广东金融学院学报》2011 年第 7 期，第 78-90 页。

[51] （美）理查德·比特纳：《贪婪、欺诈和无知：美国次贷危机真

相》，覃杨眉、丁颖颖译，中信出版社 2008 年版。

［52］梁斌、李庆云：《中国房地产价格波动与货币政策分析——基于贝叶斯估计的动态随机一般均衡模型》，《经济科学》2011 年第 6 期，第 17-32 页。

［53］梁爽：《中国货币政策与资产价格之间的关系研究》，《经济科学》2010 年第 12 期，第 59-65 页。

［54］刘斌：《动态随机一般均衡模型及其应用》，中国金融出版社 2010 年版。

［55］刘斌：《我国 DSGE 模型的开发及在货币政策分析中的作用》，《金融研究》2008 年第 10 期，第 1-21 页。

［56］刘金全、王风云：《资产收益率与通货膨胀率关联性的实证分析》，《财经研究》2004 年第 4 期，第 123-128 页。

［57］刘兰凤、袁申国：《住房价格、住房投资、消费与货币政策——基于金融加速器效应的 DSGE 模型研究》，《广东金融学院学报》2011 年第 5 期，第 3-15 页。

［58］刘伟：《经济发展的特殊性与货币政策的有效性》，《经济研究》2011 年第 10 期第 4-25 页。

［59］刘治国、于渤：《使用者成本、住房按揭贷款与房地产市场有效需求》，《金融研究》2010 年第 1 期，第 186-196 页。

［60］国务院发展研究中心课题组，卢中原、隆国强、任兴洲、张承惠、陈昌盛：《中国：在应对危机中寻求新突破》《管理世界》2009 年第 6 期，第 4-18 页。

［61］骆祚炎：《资产价格波动、经济周期与货币政策调控研究进展》，《经济学动态》，2011 年第 3 期，第 121-126 页。

［62］（美）迈克尔·伍德福德：《利息与价格——货币政策理论基础》，刘凤良等译，中国人民大学出版社 2010 年版。

［63］彭海城：《货币政策目标、资产价格波动与最优货币政策》，《广东金融学院学报》2011 年第 3 期，第 35-43 页。

［64］彭兴韵：《金融危机管理中的货币政策操作——美联储的若干

工具创新及货币政策的国际协调》，《金融研究》2009 年第 4 期，第 20-35 页。

[65] 彭兴韵：《粘性信息经济学——宏观经济学最新发展的一个文献综述》，《经济研究》2011 年第 12 期，第 138-151 页。

[66] 邵挺：《新凯恩斯主义货币政策分析框架及其未来发展方向》，《上海金融》2010 年第 12 期，第 41-46 页。

[67] 沈悦、周奎省、李善燊：《利率影响房价的有效性分析——基于 FAVAR 模型》，《经济科学》2011 年第 2 期，第 60-69 页。

[68] 史龙祥、马宇：《经济全球化视角的金融结构变迁研究》，《世界经济研究》2007 年第 6 期，第 30-38 页。

[69] 孙明春：《货币政策的困境》，《国际金融研究》2008 年第 1 期，第 38-42 页。

[70] 郑挺国、王霞：《泰勒规则的实时分析及其在我国货币政策中的适用性》，《金融研究》2011 年第 8 期，第 31-46 页。

[71] 唐齐鸣、熊洁敏：《中国资产价格与货币政策反应函数模拟》，《数量经济技术经济研究》2009 年第 11 期，第 104-115 页。

[72] 汪恒：《资产价格对核心通货膨胀指数的修正》，《数量经济技术经济研究》2007 年第 2 期，第 92-98 页。

[73] 王君斌：《通货膨胀惯性、产出波动与货币政策冲击》，《世界经济》2010 年第 3 期，第 71-94 页。

[74] 王培辉：《货币冲击与资产价格波动：基于中国股市的实证分析》，《金融研究》2010 年第 7 期，第 59-70 页。

[75] 王擎、韩鑫韬：《货币政策能盯住资产价格吗？——来自中国房地产市场的证据》，《金融研究》2009 年第 7 期，第 114-123 页。

[76] 王少平、陈文静：《我国费雪效应的非参数检验》，《统计研究》2008 年第 3 期，第 79-85 页。

[77] 王晓芳、卢小兵：《应对资产价格波动的货币政策选择与均衡框架构建》，《财经科学》2007 年第 6 期，第 1-8 页。

[78] 吴宣恭：《美国次贷危机引发的经济危机的根本原因》，《经济

学动态》2009 年第 1 期，第 50-55 页。

　　[79] 伍戈：《货币政策与资产价格：经典理论、美联储实践及现实思考》，《南开经济研究》2007 年第 4 期，第 90-105 页。

　　[80] 肖争艳、彭博：《住房价格与中国货币政策规则》，《统计研究》2011 年第 11 期，第 40-49 页。

　　[81] 徐建炜、徐奇渊、何帆：《房价上涨背后的人口结构因素：国际经验与中国证据》，《世界经济》2012 年第 1 期，第 24-42 页。

　　[82] 徐亚平：《公众学习、预期引导与货币政策有效性》，《金融研究》2009 年第 1 期，第 50-65 页。

　　[83] 许桂华、余雪飞、周奋：《资产价格泡沫背景下的货币政策新范式》，《经济学动态》2012 年第 3 期，第 26-32 页。

　　[84] 许伟、陈斌开：《银行信贷与中国经济波动：1993—2005》，《经济学》（季刊）2009 年第 8 卷第 3 期，第 970-993 页。

　　[85] 叶植材、张海旺：《房价膨胀的地域因素》，《中国统计》2005 年第 1 期，第 36-37 页。

　　[86] 易宪容：《当前房地产形势与未来发展》，《城市住宅》2008 年第 10 期，第 58-60 页。

　　[87] 易宪容、王国刚：《美国次贷危机的流动性传导机制的金融分析》，《金融研究》2010 年第 7 期，第 41-57 页。

　　[88] 尹伊：《资产证券化及其在我国的实践》，《甘肃金融》2007 年第 12 期，第 14-16 页。

　　[89] 袁靖：《新凯恩斯框架下最优货币政策规则理论及其在中国的实证研究》，《首都经济贸易大学学报》2007 年第 2 期，第 47-53 页。

　　[90] 曾爱婷：《资产价格波动、银行体系稳定与货币政策的完善》，《上海金融》2009 年第 1 期，第 48-51 页。

　　[91] 张斌、徐建炜：《石油价格冲击与中国的宏观经济：机制、影响与对策》，《管理世界》2010 年第 11 期，第 18-27 页。

　　[92] 张耿、杨立：《货币政策的边界：经济波动的福利成本》，《上海金融》2010 年第 2 期，第 34-38 页。

［93］张健华、贾彦东：《宏观审慎政策的理论与实践进展》，《金融研究》2012 年第 1 期，第 20-35 页。

［94］张卫平：《货币政策理论——基于动态一般均衡方法》，北京大学出版社 2012 年版。

［95］张晓晶、孙涛：《中国房地产周期与金融稳定》，《经济研究》2006 年第 1 期，第 23-33 页。

［96］张亦春、胡晓：《宏观审慎视角下的最优货币政策框架》，《金融研究》2010 年第 5 期，第 30-40 页。

［97］张屹山、张代强：《前瞻性货币政策反应函数在我国货币政策中的检验》，《经济研究》2007 年第 3 期，第 20-32 页。

［98］赵伟：《货币政策有效性研究的最新文献述评》，《上海金融》2010 年第 3 期，第 42-47 页。

［99］赵振全、于震、刘淼：《金融加速器效应在中国存在吗?》，《经济研究》2007 年第 6 期，第 27-38 页。

［100］周晖、王擎：《货币政策与资产价格波动：理论模型与中国的经验分析》，《经济研究》2009 年第 10 期，第 61-74 页。

［101］周小川：《关于改变宏观和微观顺周期性的进一步探讨》，http://www. pbe. gov. cn，2009-03-26。

［102］周雪平：《美国次贷危机对国内银行经营管理的启示》，《中国货币市场》2008 年第 5 期，第 45-47 页。

［103］邹至庄、牛霖琳：《中国城镇居民住房的需求与供给》，《金融研究》2010 年第 1 期，第 1-11 页。

二、外文部分

［1］Adrian T. and H. Shin（2010），"Financial Intermediation and Monetary Economics"，FRB New York Staff Report，No. 398（Revised May）.

［2］Adrian T.，E. Moench and H. Shin（2010），"Macro Risk Premiums and Intermediary Balance Sheet Quantities"，Federal Reserve Bank of New York Staff Report，No. 428.

资产价格波动下的最优货币政策研究

[3] Ait-Sahalia Y., J. Adnritzky, A. Jobst, S. Nowak and N. Tamirisa (2010), "Market Response to Policy Initiatives during the Global Financial Crisis", NBER Working Paper, No. 15809.

[4] Akio K., Proudman J. and Vlieghe G. (2004), "House Prices, Consumption, and Monetary Policy: A financial Accelerator Approach", Journal of Financial Intermediation, Vol. 13: 414-435.

[5] An S. and F. Schorfheide (2007), "Bayesian Analysis of DSGE Models", Econometric Reviews, (26): 113-172.

[6] Batini N., Harrison R. and Millard S. (2003), "Monetary Policy Rules for an Open Economy", Journal Economic Dynamic Control, Vol. 27, No. 11-12: 2059-2094.

[7] Bayoumi T. (1993), "Financial Deregulation and Consumption in the United Kingdom", Review Economy Statistic, Vol. 75, No. 3: 536-539.

[8] Bernanke B. (2004), "Gradualism", Speech Delivered at an Economics Luncheon Co-sponsored by the Federal Reserve Bank of San Francisco (Seattle Branch) and the University of Washington, Held in Seattle, May 20.

[9] Bernanke B. and M. Gertler (2001), "Should Central Banks Respond to Movements in Asset Prices?" American Economic Review, (91): 253-257.

[10] Bernanke B. (1983), "Nonmonetary Effects of the Financial Crisis in the Propagation of the Great Depression ", American Economic Review, (73): 257-276.

[11] Bernanke B. (2010), "Monetary Policy and the Housing Bubble", Speech Given at the Annual Meeting of the American Economic Association, Atlanta Georgia, January 3.

[12] Bernanke B., M. Gertler and S. Gilchrist (1999), "The Financial Accelerator in a Quantitative Business Cycle Framework ", in John B. Taylor and Michael Woodford, eds., Handbook of Macroeconomics, 1, Part 3, Amsterdam: North-Holland, 1341-1393.

［13］ Bernanke B., T. Laubach, F. Mishkin and A. Posen (1999), "Inflation Targeting: Lessons from the International Experience", Princeton: Princeton University Press.

［14］ Bernanke B., Gertler M. and Gilchrist S. (1998), "The Financial Accelerator in a Quantitative Business Cycle Framework", NBER Working Paper, No. 6455.

［15］ Bernanke B. S. and M. Gertler (1999), "Monetary Policy and Asset Price Volatility", Economic Review, 84 (4): 17-511.

［16］ Blanchard O., G. Dell'Ariccia and P. Mauro (2010), "Rethinking Monetary Policy", IMF Staff Position Note (February 12), SPN/10/03.

［17］ Blanchard, Olivier J. and Charles M. Kahn (1980), "The Solution of Linear Difference Models under Rational Expectations", Econometirca, 48 (5): 1305-1311.

［18］ Calvo G. (1983), "Staggered Prices in a Utility – Maximizing Framework", Journal Monetary Economic, Vol. 12, No. 3: 383-398.

［19］ Campbell J. and Mankiw G. (1989), "Consumption, Income, and Interest Rates: Reinterpreting the Time Series Evidence", In: NBER Macroeconomics Annual.

［20］ Carroll C. (1997), "Buffer Stock Saving and the Permanent Income Hypothesis", Quarterly Journal Economics, CXII, Vol. 107, No. 1: 1-56.

［21］ Chirinko and Robert (1993), "Business Fixed Investment Spending: A Critical Survey of Modeling Strategies, Empirical Results, and Policy Implications", Journal of Economic Literature, (4): 1875-1911.

［22］ Christiano, Lawrence, Martin Eichenbaum and Charles Evans (2005), "Nominal Rigidities and the Dynamic Effects of a Shock to Monetary Policy", Journal of Political Economy, 113 (1): 1-45.

［23］ Clarida Richard, Gali J. and Gertler M. (1997), "Monetary Policy Rules and Macroeconomic Stability: Evidence and Some Theory", Unpublished Paper, New York University.

［24］DeJong, D. N. B. F. Ingram and C. H. Whiteman （2000）, "A Bayesian Approach to Dynamic Macroeconomics", Journal of Econometrics, （98）: 203-223.

［25］Friedman and Milton （1994）, "Money Mischief: Episodes in Monetary History", Harcourt Brace & Company.

［26］Fuhrer and Jeffrey （2000）, "Optimal Monetary Policy in a Model with Habit Formation", American Economic Review, 90 （3）: 367-390.

［27］Goodhart C. and B. Hofmann （2001）, "Asset Prices, Financial Conditions, and the Transmission of Monetary Policy", Conference on "Asset Prices, Exchange Rates, and Monetary Policy", Stanford University, March 2-3.

［28］Iacoviello and Matteo （2005）, "House Prices, Borrowing Constraints and Monetary Policy in the Business Cycle", American Economic Review, （3）: 739-764.

［29］Kashyap A. and J. Stein （1994）, "Monetary Policy and Bank Lending", in N. Gregory Mankiw, eds., Monetary Policy, National Bureau of Economic Research, Studies in Business Cycles, 29, Chicago: University of Chicago Press: 221-256.

［30］King M. （2004a）, "Remarks Made in a Panel Discussion on Alan Greenspan's Speech on Risk and Uncertainty in Monetary Policy", Delivered at the American Economic Association Annual Meeting in San Diego, January 3, www. bankofengland. co. uk/publications/ speeches/2004/ speech209. pdf.

［31］King M. （2004b）, "Speech Delivered to the CBI Scotland Diner at the Glasgow Hilton Hotel", June 14.

［32］Kohn D. （2006）, "Monetary Policy and Asset Prices", Speech Delivered at-Monetary Policy: A Journey from Theory to Practice, a European Central Bank Colloquium held in honor of Otmar Issuing, Frankfurt, March 16.

［33］Kydland F. and E. Prescott （1977）, "Rules Rather than Discretion: The Inconsistency of Optimal Plans ", Journal of Political Economy, （85）: 473-492.

［34］Kydland F. and E. Prescott（1996），"The Computational Experiment： An Econometric Tool"，Journal of Economic Perspectives，10（1）：69-85.

［35］Lucas R.（1976），"Econometric Policy Evaluation： A Critique"，Journal of Monetary Economics，2，Supplement，Carnegie-Rochester Conference Series，（5）：19-46.

［36］M. Woodford（2011），"Optimal Monetary Stabilization Policy"，Published in： B. M. Friedman and M. Woodford，eds.，Handbook of Monetary Economics，Vol. 3B.

［37］Mishkin F.（2010a），"The Economics of Money， Banking， and Financial Markets"，9th eds.，Boston： Addison-Wesley.

［38］Mishkin F.（2010b），"Monetary Policy Flexibility， Risk Management， and Financial Disruptions"，Journal of Asian Economics，（23）：242-246.

［39］Mishkin F.（2011），"Over the Cliff： From the Subprime to the Global Financial Crisis"，Journal of Economic Perspectives，25（1）：49-70.

［40］Nelson E. and Neiss K.（2001），"The Real Interest Rate Gap as an Inflation Indicator"，Macroeconomic Dynamic，Vol. 7：239-262.

［41］Ruge-Murcia F.（2007），"Methods to Estimate Dynamic Stochastic General Equilibrium Models"，Journal of Economic Dynamics and Control，（31）：2599-2636.

［42］Smets Frank. and R. Wouters（2007），"Shocks and frictions in US business cycles： A Bayesian DSGE approach"，American Economic Review，（97）：586-606.

［43］Snowdon and Vane（2009），"Modern Macroeconomics： Its Origins， Development and Current State"，Edward Elgar Publishing Limited.

［44］Solow Robert M.（2000），"Toward a Macroeconomics of the Medium Run"，Journal of Economic Perspectives，Vol. 14，No. 1.

［45］Stevens G.（2004），"Recent Issues in the Conduct of Monetary

Policy", Reserve Bank of Australia Bulletin, March.

[46] Svensson L. (1997), "Inflation Forecast Targeting: Implementing and Monitoring Inflation Targets", European Economic Review, 41 (6): 1111-1146.

[47] Svensson L. (1999), "Price-Level Targeting Versus Inflation Targeting: A Free Lunch ", Journal of Money, Credit and Banking, (31): 277-295.

[48] Svensson L. (2001), "The Zero Bound in an Open Economy: A Foolproof Way of Escaping from a Liquidity Trap ", Monetary and Economic Studies, (19): 277-312.

[49] Taylor J. (1993), "Discretion Versus Policy Rules in Practice", Carnegie-Rochester Conference Series on Public Policy, (39): 195-214.

[50] Taylor J. (2009), "Getting off Track: How Government Actions and Interventions, Caused, Prolonged and Worsened the Financial Crisis", Stanford, CA: Hoover Institution Press.

[51] Townsend R. M. (1979), "Optimal Contracts and Competitive Markets with Costly State Verification", Journal of Economic Theory, Vol. 21, No. 2: 265-293.

[52] Uhlig Harald (1995), "A Toolkit for Analyzing Nonlinear Dynamic Stochastic Models Easily", In Ramon Marimon and Andrew Scott (eds.), Computational Methods for the Study of Dynamic Economies, New York: Oxford University Press: 30-61.

[53] White W. (2009), "Should Monetary Policy Lean or Clean?" Federal Reserve Bank of Dallas Working Paper, No. 34.

[54] Wilson L. and Y. Wu (2010), "Common (Stock) Sense about Risk-Shifting and Bank Bailouts ", Financial Markets and Portfolio Management, (24): 3-29.

[55] Woodford M. (2001), "The Taylor Rule and Optimal Monetary Policy", American Economic Review, (91): 232-237.